K. G. りぶれっと　No.12

史的に探るということ！

多様な時間軸から捉える国際市場システム

はじめに

　この小さな書物は、大学に進み、初めて講義『経済史』等で、近世から現在に至る国際経済社会の発展プロセスを学ぶ学生諸君のための入門テクスト、参考文献として編まれています。
　概説書、通史タイプの経済史教科書は、すでに世にあまた存在します。そこへ新規参入を試みる本書は、網羅的「通史」作成を初めから図らず、むしろ経済社会の成長プロセス上の、また経済史研究上のトピックスの幾つかを採り挙げてみました。ヨーロッパ世界のみならずアジア世界も視野に収め、両者の関係を地球規模での国際市場システムから考えていく視点も、示していくためです。そして史的な、長期的な視角から、「現在」そして「過去」の経済社会の諸局面とその変化を考え、捉えていくこと。その意味合いを、学生諸君自身が、将来にわたって自問自答していくこと。そのための、最初の一書となれば幸いに思います。
　また本書に込めた、もう一つの意図は、経済史的事実の学びに留まらず、各章に収められた史的な、長期に亙る多様な時間軸を用いて、目まぐるしく変動する今日の経済社会ネットワーク、国際市場システムの実態と特質を探っていく接近法、それ自体の意味を考える「きっかけ」（契機）になるテクストを学生諸君に提示していくこと、でした。
　本書での諸論点を跳躍台にして、読者の皆さん自身が様々な時間軸を設定し、国際市場システムの「現在」と「過去」「未来」を、史的に、長期的視角から探ってみて下さい。

目 次

はじめに　　　　　3

序　章　現実への接近法としての〈経済史〉研究
　　　　　──その学びの意味
　　　　　　　　　　　　　　　　　　市川文彦 7

　　第1節　経済社会の〈現実〉を歴史的に捉える必要とは？
　　　　　　　──いわゆる「歴史学の有用性」
　　第2節　経済成長パターンの多様性
　　第3節　時間軸の多層性

第1章　近世アジアにおける国際商業ネットワークの展開
　　　　　──グローバル・ヒストリーにおける近世アジアの意義
　　　　　　　　　　　　　　　　　　藪下信幸 15

　　第1節　グローバル・ヒストリーと近世アジア交易圏
　　第2節　アジア商人による国際商業ネットワークの展開
　　第3節　ウェスタン・インパクトによる近世アジア交易圏の変容

第2章　〈近代消費社会〉の原像
　　　　　── 18世紀英国からの視点
　　　　　　　　　　　　　　　　　　岡部芳彦 25

　　第1節　消費社会とは？　──奢侈と経済学
　　第2節　産業革命と消費社会　── 18世紀イギリスの経験

　　　　第3節　消費社会のゆくえ

第3章　経済史における国家
　　　　──経済発展との関連を中心に
　　　　　　　　　　　　　　　　　　　　　鳩澤　歩............... 35

　　　　第1節　国家と経済発展
　　　　第2節　国家の役割　──理論的な観点から
　　　　第3節　国家は経済発展に貢献したのか
　　　　　　　　──西欧諸国の経験から
　　　　第4節　「国家か地域か」？

第4章　近代経済社会システムの登場：その「新しさ」と「旧さ」を巡って
　　　　──19世紀フランスからの視点
　　　　　　　　　　　　　　　　　　　　　市川文彦............... 45

　　　　第1節　時代が帯びる「新しさ」と「旧さ」と
　　　　第2節　19世紀　──新たな変革の時代として
　　　　第3節　19世紀　──旧き遺産との融合の時代として

第5章　アジアから展望した近代国際通貨制度の形成
　　　　　　　　　　　　　　　　　　　　　西村雄志............... 55

　　　　第1節　国際金本位制の背景
　　　　第2節　アジアにおける国際金本位制の貢献
　　　　第3節　国際通貨体制の連続性　──「周辺」からの視点

おわりに　──これからの学びの手掛かり
　　　　　　　　　　　　　　　　　　　　　市川文彦............... 67

あとがき　　　　　　77

序章 現実への接近法としての〈経済史〉研究
――その学びの意味

> 過去は変えられない。しかし将来は〈過去を学んだ〉若い人々の手にある。
>
> エリ・ヴィーゼンタール

第1節 経済社会の〈現実〉を歴史的に捉える必要とは？
――いわゆる「歴史学の有用性」

　経済学部、商学部、経営学部に入学して、経済分析や商学の体系等を学び始めた皆さん、専門科目の中に、なぜ「経済史」、「商業史」また「経営史」のような歴史に関わる講義が含まれるのか、疑問に感じたことがありませんか？　多くの皆さんは、経済社会システムや経営組織の〈現状分析〉や、〈将来予測〉に興味があっても、過ぎ去った、変更のきかぬ過去から何を学ぶのか、明瞭に判然としないかもしれません。

　過去の経済現象や、今日に至る経済社会の形成プロセスを学ぶ意味とは？　さらに、歴史を学ぶことが何の役に立つのか？　このような疑問と共に、歴史＝過去の諸事実の単なる集積、と捉える人もいるでしょう。また専ら歴史を、人間にとっての教訓を引き出すための材料、と思う人もいることでしょう。

　「温故知新」（故きを温ずねて、新しきを知る）という言葉は、まさに歴史から教訓や知恵を学びとる姿勢を示し、これを「教訓史学」と呼ぶことがあります。そもそも歴史観や歴史像は、歴史的接近法と同様に多

様であり得るので、歴史に、このような役割を期待する余地もあります。

　また歴史、経済史への学びとは、我々の社会自体の、また、そこに存在する個人、組織・集団の、それぞれのルーツ、由来などを明らかにしていくこと、つまり個人から社会に至る各レヴェルでのアイデンティティーの確認、「履歴書」作りに資するもの、という見方もあります。

　さて、より注意すべきは、本書全体のテーマである経済史を含む、歴史を学んでいくこと、その魅力と面白さとは、上記のような「教訓史学」の枠や、様々なレヴェルのアイデンティティー確認をも超えて、はるかに拡がっている点です。

　差し当たり、ここでは歴史、経済史への学びが、1）人間社会、組織、集団の、今日までの諸経験を明らかにし、以って、地球上に存在する大小様々なタイプの経済社会の諸変化——つまり成長、発展（または非成長）パターンの可能性を多面的に捉える手掛かりを供する点、に注意してみること。

　そして、2）以上のような個人、組織、集団の多様な軌跡を明らかにする史的分析がもたらす各社会、各経済システムの性格、特質について吟味し、また現在へと連なるかもしれぬ展開プロセスの考察の意味合いを考えていくこと。すなわち、このように有力な〈社会認識の方法〉を、まさに歴史分析が提示し得る点、に気をつけてみること。

　この二点に、今後、十分留意しつつ、第1章以下、各章のテーマから、〈歴史、経済史への学び〉そのものについて、具体的に考えてみて下さい。

第2節　経済成長パターンの多様性

　ある経済社会の変動状況を、トータルに理解したり、特定の経済現象の本質を探っていくときに、歴史的、長期的視角からの経済分析が必要になってくる事例を考えましょう。現在、ASEANに加盟している国々

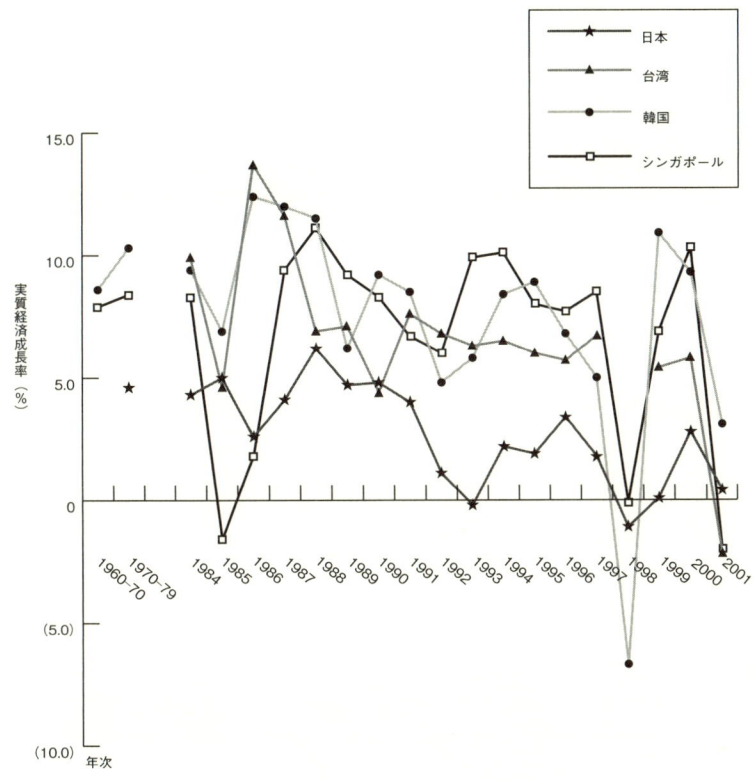

図 0-1　東アジア 4 カ国の実質経済成長率の推移
出典：国際連合『世界統計年鑑』；『東アジア長期経済統計』別巻 2＝台湾より作成。

の多くは高成長を実現しています。多くの場合、1980 年代から経済成長を開始するための条件整備が進みました（図 0-1）。

　ここでは、次の二点に留意しておきましょう。先ず、ASEAN 各国は、成長モデルの一つとして日本の成長プロセスを、その成功例の歴史的経験を、参考にしようとしていたこと。

　次いで高成長を示した各国、特に韓国、台湾、シンガポールの、成長要因は同一ではないこと。つまり、同じ東アジア域内の複数国で認められた高度経済成長パターンは、決して単一ではなく、多様な形態で実現

序章　現実への接近法としての〈経済史〉研究　　9

していたことです。

　第一の点については、一国の経済開発は、ただ単に先進的技術導入を進め、外貨獲得のための輸出産業育成を為し得れば、自動的に経済発展が進行するわけではないことを、日本の事例が示していました。日本の長期成長プロセスは、職業訓練に限定されぬ基礎的かつ広範な教育制度の確立、生産活動のための産業・交通インフラストラクチャー（社会資本）整備、公衆衛生水準、徴税制度等、様々な発展のための初期条件を伴ったものでした。

　ASEAN諸国の青年達を招いて、日本の成長プロセスを検討していく大規模な研修プログラムが、1980年代半ばに、日本政府を中心に企図され、政府要請により、早稲田大学の教授グループ（商学部）が数年に亙り研修講師団を担いました。明治期以降の、近代日本の経済社会システム創りをトータルに学ぶことが主眼となっていたため、自ずと、この研修プログラムは経済史家らのリーダーシップの許で、推進されることになります。なお、この研修プログラムの成果の一部は、とりわけ産業発展を扱った、その中巻を初めとする、早稲田大学アジア交流委員会編『日本入門：日本とアジア』シリーズ3巻（＝日英対訳版）、早稲田大学出版部、1986年刊行に結実しています。

　また、この時期に同時に進められたのは、国連大学の〈日本の経験〉研究プロジェクトでした。ここでも近代日本の経済社会の諸経験から、経済発展のための諸条件を考察するための仮説提示をも指向していました。藤田貞一郎氏の、『近代日本同業組合史論序説』（国連大学・研究報告）、1981年も、その一つです。歴史的、長期的視角からの、経済成長プロセス考察の重要性が、ここに再確認できます。

　さて第二の点は、先進国にキャッチ・アップしようと努めた東アジアの各国が、日本の歴史的経験に学びつつも、自国の有する資源賦存状況に応じて、それぞれの方式で経済成長を追求しようとしてきたことです。

　1980年代後半からの年率10％程度の高度経済成長の実現（前掲図参照）、軽工業部門から重化学工業部門へ移行する、産業構造の変容パター

ン（＝産業構造の高度化）など、確かにアジアの成長国は、一見すると、同一の成長パターンを共有し、先進国英・米・日がかつて経てきた軌跡をなぞっているかの様に思われます。

　しかし産業構造の高度化も、実は、その内容は、各国ごとに異なっていました。1970年代後半からの、各国の高度経済成長の主導部門は、台湾は（伝統的な米作・精糖中心の「米糖経済」から脱却して）機械、金属、化学工業となりました。同時期に韓国のそれは、繊維、合板、家電などの労働集約財産業と、機械、金属、石油化学などの重化学工業の並立でした。また、シンガポールは、その地理的条件を活かした船舶、石油化学製品などの資本集約財産業でした（＝『東アジア長期経済統計』第9巻）。また昨今のICT経済化に対応する、各国の中軸部門も、台湾：PCハードウエア製造、韓国：半導体製造、シンガポール：金融・物流・サーヴィス業形成でありました。各国の差違性に改めて気づかされます。

　さて物理学の世界には、〈履歴現象〉（hysteresis）という概念があります。物質の状態は、これまで如何なる変化を経て、いまの状態に立ち至ったのか、その履歴に依存している、という考え方です。ゆえにいま比較した3カ国の成長パターンの差異性に表れた、経済発展上の〈歴史的経路依存性〉という視角に注目が集まっています。

　また1980年代に、共に高経済成長を達成しえた台湾と韓国両国は、歴史的に編成された、その経済構造が大いに異なっていた点も注目に値します。台湾経済が有力な中小企業群によって牽引されてきたのに対し、韓国経済に大きな影響力を与えてきたのは幾つかの財閥を含む大企業、でした（＝『東アジア長期経済統計』第5巻）。

　このように、ともに高成長率を達成し得た国々の成功の要因、背景は、単一の、共通の要素によるものとは限らず、それぞれ大いに異なりうるものなのです。

第3節　時間軸の多層性

　では経済社会の諸変化（例えば成長／非成長）を、どのような時間の長さによって、捉えていくのか。これが経済史的アプローチ上の、〈時間軸〉設定の問題です。

　一つの経済現象を対象に、幾つかの長さの〈時間軸〉を組み合わせながら捉えていくユニークで、有効な史的方法は1920年代にフランスの歴史家グループによって構築されました。

　我々が経験する歴史的現象自体と、その背景、また現象を生じせしめた因果関係を幅広く、より正確に理解していくために、この表層（表面）に現れた、目に見える〈出来事〉を形成してきた、目に見えぬ、中期的な経済〈循環〉の動き、また長期的な〈構造〉の変化にこそ、着目していきます。いわば、現在を生きる我々にも諸影響を与えながらも、しかし実感しにくい「動かざる歴史」の機能に、より留意していくわけです。E・トッド『新ヨーロッパ大全』は、まさに数千年に亙って形成されてきた、現代ヨーロッパを支える〈基層文化〉等々が、今日でも、現代人の意思決定や社会行動に、如何に重大な影響を及ぼしてきたかを、実に多面的、実証的に論じた研究書です。

　さて、この歴史家グループが意図したことは、〈表層〉＝出来事、〈循環〉、〈長期持続〉の、複数の時間軸を設定して、重層的に（細分化することなく）「人間事象をすべて相互関連のうちに捉えようとする」姿勢を以って、経済社会を含む歴史現象をトータルに明らかにしていくことでした（竹岡敬温『「アナール」学派と社会史 ——「新しい歴史」へ向って』、二宮宏之『全体を見る眼と歴史家たち』（1986年）、同『マルク・ブロックを読む』参照）。

　このような史的方法に基づき、三種の時間軸を用いて、成長著しい、現代アジアのダイナミズムを重層的に分析した研究もあります。その代

表者・原洋之介氏は、90年代の東アジア金融・通貨危機を、短期的視角からは、日々の表層として現れた〈出来事〉と、捉えました。さらに、この危機の真因を探るために、金融危機までの東アジアの経済発展プロセスを、数十年間に及ぶ〈循環〉の時間軸から、再検討します。次いで、東アジア経済のダイナミズムそのものを対象に、それをもたらした「華人経済ネットワーク」を吟味し、数世紀を単位とする〈長期持続〉の時間軸から考察しました（原洋之介『グローバリズムの終宴』参照）。

　同様に、現代ヨーロッパの統合化の主体であるEUの性格を決定づけた経緯も、上記のような複数の時間軸によって明らかにできます。今日のEuro導入を巡る統合深化の議論は〈出来事〉のレヴェルとして、前世紀初頭からの欧州統合への運動プロセスは〈循環〉のレヴェルとして、そして欧州統合の根本に存在する、久遠の基本理念・平和哲学の形成は〈長期持続〉のレヴェルとして、これら三層の時間軸を重ね合わせることによって、EUの成り立ちと将来の方向性は、立体的に把握されつつ検討可能になるのです。

（市川　文彦）

参考文献

竹岡敬温『「アナール」学派と社会史 ──「新しい歴史」へ向って』同文館出版、1990年。
二宮宏之『マルク・ブロックを読む』岩波書店、2005年。
原　洋之介『グローバリズムの終宴』NTT出版、1999年。
E・トッド『新ヨーロッパ大全』1＆2 藤原書店、1990/1993年。
原　輝史編『EU経営史』税務経理協会、2001年。

COLUMN
グローバル・ヒストリーの世界

＊世界史を学ぶ時、無意識のうちに西洋を中心とした歴史にとらわれてはいないでしょうか？ 本書「第1章」でもみるように、近年、〈グローバル・ヒストリー〉と呼ばれる一国史を越えた世界的な観点からの研究が盛んとなっています。その視点は、アジアとヨーロッパが置かれた「(自然)環境」から、経済発展がいつ、どのように起こったのかを展望するというものです。

＊E・L・ジョーンズは『ヨーロッパの奇跡』(1981/2000年)の中で、アジアに比べヨーロッパが持続的に経済発展した要因を、自然災害が少ない環境や抑圧的でない政治体制に求めました。それに対してK・ポメランツは『大いなる逸脱』(2000年)と題して、経済発展の差が生まれた原因は、資源の獲得にあったと述べています。つまりヨーロッパは、18世紀前半までは労働集約的・資源節約的で、18世紀後半以降、化石燃料の転換や新大陸での資源獲得によって資源集約的な経済発展を遂げたと主張しています。

＊ジョーンズもポメランツも、アジアとヨーロッパの経済発展に大きな格差があったことを認めています。しかし、ジョーンズの議論が西洋中心主義的要素をうかがえるのに対して、ポメランツは、18世紀以前にアジアとヨーロッパに大きな違いがなかったと考えています。

＊このように世界史における経済発展の分岐点をいつ、どこに見るのかには、さまざまな意見・見方があります。今後、自然環境なども考慮しつつ、特定の地域に偏らない世界的な視点から研究がさらに進展することでしょう。

(岡部 芳彦)

第1章 近世アジアにおける国際商業ネットワークの展開
―― グローバル・ヒストリーにおける近世アジアの意義

第1節　グローバル・ヒストリーと近世アジア交易圏

　「世界史（ワールド・ヒストリー）」は、その生みの親であるランケの関心が古代ギリシア・ローマに端を発するとする西洋世界の歴史的記述に向けられていたこともあり、「世界」史とは言いつつも、西洋中心的な歴史観を有してきました。経済史に関しても、いわゆる「産業革命（＝工業化）」がイギリスをはじめとする西洋で初めておこったことから、他地域の経済発展は、西洋を手本としそれに追随するものであるとして、西洋に偏向したものとなってきたのです。

　一方グローバル・ヒストリー（地球史）は、世界各地の地域間関係の複合から地球の全体史を構築しようとするアプローチをとっています。その対象が西洋のみならずアジアを含む地球規模に及び、また西洋世界の歴史的ダイナミズムが西洋の自生的発展によるものではなく、他地域との関係性の変化において生じたと考える点において、グローバル・ヒストリーは「世界史」における西洋中心史観を克服する可能性を持っています。

　ブローデル、ウォーラーステインといったアナール学派の全体史研究

における西洋中心性を批判しつつ、グローバル・ヒストリーの手法を用いて、近代西洋における工業社会の形成において「オリエント（東洋＝アジア）」が決定的な役割を果たしたと主張したのが、A・G・フランクです。彼は、1400年から1800年にかけての近世期における西洋世界の勃興が、近世アジアを中心とする「世界経済（グローバル・エコノミー）」に組み込まれたことにより生じたと論じました。西洋中心的な「世界史」では周縁的な存在に過ぎなかったアジアが、グローバル・ヒストリーの文脈においては、より大きな位置を占めることとなったのです。

　こうしたグローバル・ヒストリーの台頭に先立ち、日本の学界では、浜下武志、川勝平太、杉原薫らを中心に、16世紀から19世紀にかけての近世アジアにおける域内交易、すなわち「近世アジア交易圏」に関する議論がさかんに行われてきました。19世紀なかば以降の近代アジア経済史を考察するとき、ヨーロッパから相対的に自立したアジア交易圏がそのダイナミズムをどのように規定したのかという見地から、検討がなされたのです。その見解は、19世紀のウェスタン・インパクト（第3節で詳述）以降も近世アジア交易圏のフレームワークが残ったという説（連続説）と、ウェスタン・インパクトを受けて、ヨーロッパを中心とする「世界経済」に編入され変容を遂げたことにより、近代以降のアジア交易圏の成長が導かれたとする説（再編説）に区分することが出来ますが、いずれにせよ、西洋とアジアという地球規模での地域間関係の変化から歴史のダイナミズムを読みとろうとする問題意識は、フランクに先行して、グローバル・ヒストリーのそれと同様のものであったと言えます。

第2節　アジア商人による国際商業ネットワークの展開

　続いて、近世アジア交易圏について詳しく検討してゆくことにしましょう。

アジア交易圏と一口に言いましても、西は地中海沿岸のレヴァント地方から東は中国・日本に及ぶ広大なアジア世界は、一つの統合された交易圏として確立されていたわけではありませんでした。アジア交易圏はそれぞれ周縁部を接しつつ交流するいくつかの相対的に独立したサブ地域システムの集合体として存在していたのです。

　鉄道・電信の発明という19世紀の交通・通信革命以前の時代においては、血縁や民族、同郷者のコミュニティーを通じて各地の交易拠点に属人的ネットワークを構築した、商人の船によって海上交易が行われるのが常でありました。したがって近世アジアにおける交易は、地域的に制約された商人コミュニティーのもつ海洋（を中心とする）ネットワークの内部および他のコミュニティーとの交流を通じて行われていたのです。

　近世アジア交易圏には、ネットワークの基層となる自然・生態的条件、人口の移動、および文明体系の三層によって形成された「空間」からなる、三つのサブ地域システムがありました。一つは、中国商人を主体とする南シナ海交易圏で、残る二つは、インド商人やムスリム（イスラーム教徒）商人をはじめとするインド洋交易圏です。インド洋交易圏は、さらにインド亜大陸をはさんで東のベンガル湾交易圏と西のアラビア海交易圏に分けることが出来ます。このサブ地域システムによって構成されるアジア交易圏の構造を、陸路（西アジア・地中海経由）もしくは海路（喜望峰経由）で西洋と連結するインド洋交易圏を中心において概念図で示したものが、図Ⅰ-1です。

　南シナ海交易圏では、生産国として世界的に卓越した地位にあった中国産の陶磁器・絹、および銅銭などが東南アジアに輸出され、東南アジアからは香料、そして銀が大量に中国国内に流入していました。総じて、交易は「朝貢」貿易および非合法の貿易ともに中国商人が主体となって行われていました。

　ベンガル湾交易圏では、隣接する南シナ海交易圏・アラビア海交易圏との結節点となる東南アジア・インドをはさんで、インド産の織物（綿・

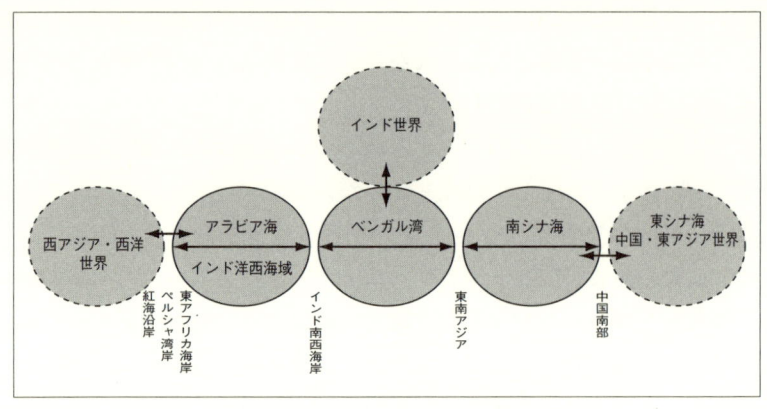

図Ⅰ-1　インド洋海域世界の三層構造
家島彦一『海が創る文明』（朝日新聞社）39頁をもとに作成。

絹）・香料、東南アジア産の香料、中国産の陶磁器・絹が取引され、インドと、中国への経由地として東南アジアにむけて、大量の銀が西方から流入していました。インドと東南アジアを結ぶルートでは、インド洋世界における交易品の最大生産国であったインドの商人が中心的な役割を果たしていました。

　アラビア海交易圏では、遠隔地交易品の構成はベンガル湾交易圏とほぼ同様であり、紅海・ペルシア湾方面および西洋商人の商船とともに喜望峰経由で、インドおよびベンガル湾交易圏に向けて大量の金銀が流入していました。この交易圏では、沿岸部にオスマン帝国・サファヴィー朝ペルシア・ムガル帝国といった近世イスラーム帝国が鼎立していた時期もあったことから、ムスリム商人が取引の主体でありましたが、ペルシアの庇護を受けていたアルメニア商人など他教徒商人も交易を行っていました。

　このように、近世アジア交易圏は、サブ地域システムの結節点となるインド・東南アジア・中国を拠点とするアジア商人間の交易ネットワークにより構成されていました。これら三つのサブ地域システムは、交易

品の構成や主導的商人コミュニティーの差異を通じて相対的自立性を保持しつつも、当時の世界商品であった香料や絹、綿製品や陶磁器の交易を通じて相互に緩やかに連結していました。そして図Ⅰ-2に見られるように、大西洋における「三角」交易や太平洋交易、鎖国期日本との交易を行っていた西洋商人を媒介として新大陸や日本産の銀を大量に吸収することにより、一つの「世界経済」を構成していたのです。

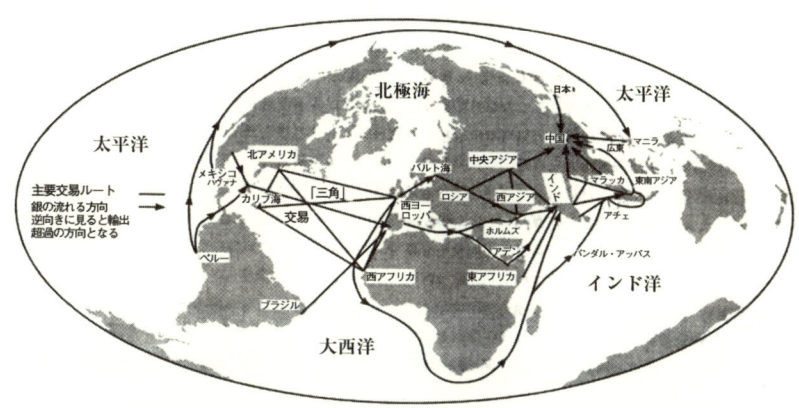

図Ⅰ-2　1400-1800年の主要な環地球交易ルート
A・G・フランク『リオリエント』（藤原書店）147頁をもとに作成。

第3節　ウェスタン・インパクトによる近世アジア交易圏の変容

　フランクは、1800年頃をさかいに、「世界経済」における主導的地域はアジアから西洋へと大きく移行したと主張しましたが、なぜ西洋に対するアジアの優位が逆転したのかという理由は明示的に述べませんでした。そこ

で、近世までのアジアの優位を認めたうえで、ヨーロッパがそれを覆したという問題意識に立ってその論理を解明しようとした、E・ジョーンズの議論を紹介します*。ジョーンズは、1400年から1800年の間に西ヨーロッパが国民国家システムを発達させたことが「ヨーロッパの奇跡」の核心であると主張しました。国民国家が、近世以前は商人共同体が担っていた、市場の発展のために必要な私的所有権の確立などの諸制度を整備したことにより、西洋の産業革命が導かれたということです。

かくして、1800年頃を画期として西洋はアジアに対して経済的・軍事的に優位に立つことになり、それまで西洋がアジアを中心とする「世界経済」にアジア産品の販売市場と交換経済の発展に不可欠な貨幣金属（銀）を提供するに過ぎなかった、西洋とアジアの地域間関係に変化がもたらされることとなりました。19世紀に入ると、西洋は工業力を背景とした強大な軍事力を行使してアジアの植民地化をすすめ、また産業革命および交通・通信革命の成果をもって、アジアをヨーロッパの工業製品の販売市場、工業原料の生産地として関係づけるようになりました。こうした19世紀前半における西洋とアジアの地域間関係の変化によりアジアが受けた影響を、総じてウェスタン・インパクトと称します。

19世紀における「世界経済」の新たな中心となった西洋との地域間関係において、アジアはアフリカやラテン・アメリカなどと同じく従属的位置におかれることになったのですが、一方においてアジアは他の従属地域とは異なる経済発展の様相を示しました。杉原の研究によりますと、1880年から1913年にかけてのアジアでは、欧米との貿易の成長率よりもはるかに高いスピードでアジア域内の貿易が成長したのです。言い換えますと、アジアはウェスタン・インパクト以降も西洋に対して相対的な自立性を確保しており、西洋との間に結ばれた新たな貿易関係をきっかけとして、その内部に近世アジア交易圏の頃とは異なる（とみなすかどうかで「連続説」と「再編説」の違いが生まれます）国際分業体

---

* E・ジョーンズ『ヨーロッパの奇跡』安元稔、脇村孝平訳、名古屋大学出版会、2000年。

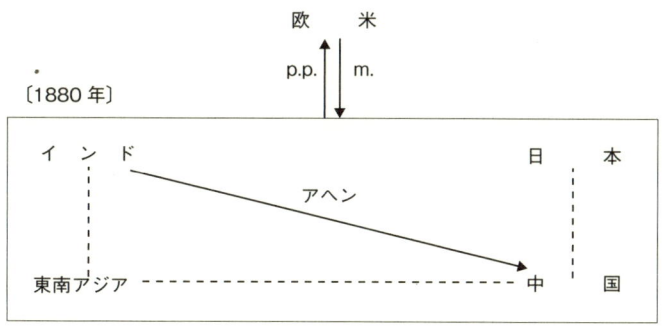

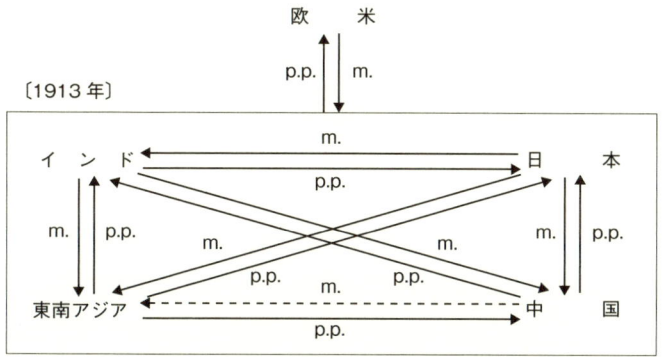

（注）m. は工業品、p.p. は第一次生産品を指す。

図Ⅰ-3　世界市場へのアジアの統合図
杉原　薫『アジア間貿易の形成と構造』（ミネルヴァ書房）36頁をもとに作成。

制が築かれたのです。
　再編説に立つ杉原の見解に従えば、図Ⅰ-3に見られますように、第一次産品を中心としながらではありますが西洋との貿易が伸張したことにより生じたアジアの追加購買力に対して、日本やインドにおいて成立した綿業を基軸とするアジア工業品の貿易機会が生まれたことになります。アジアの工業化に必要な需要の創造、そして西洋よりもたらされた工業技術・交通革命の成果があってこその近代アジア経済の成長であっ

たと言えます。

　ではなぜ、西洋はアジアで派生的に生じた工業品需要をも取り込むことが出来なかったのでしょうか。この疑問に対する有効な手がかりが、近世アジア交易圏の存在にあります。

　近世以前から、アジアには西洋とは異なった生産・消費・流通様式の伝統があり、その伝統的な嗜好は、伝統的手工業品が近代的工業製品に変わってもなお存続していたのです。こういったアジア独自の嗜好や風習、取引慣行の情報を西洋が収集する取引コストはあまりに高く、したがってこれらの情報を熟知していた伝統的アジア商人の活動余地は、ウェスタン・インパクト以降も多分に残されていました。近代日本の工業化は、西洋とは直接競合しない、このようなアジアの市場に向けて達成されたものであったのです。

　近年では、19世紀以降にアジアが西洋の帝国主義的秩序の下におかれたのちにおいても、このようなアジア商人による伝統的商業圏が西洋の政治力・経済力をもってしてもコントロール出来ない存在として存続しえた事実に注目し、彼らの国際商業ネットワークの持つ強固さの本質を検証しようという研究上の新しい方向性が打ち出されつつあります。西洋の帝国主義システムとアジア商人ネットワークは補完的な関係を保持し、それを通して西洋によるアジア支配が支えられていたのではないか、という興味深い指摘もあります。

　20世紀後半以降の世界経済におけるアジアの台頭（リオリエント）という現実を見据えた時、この現象を理解する歴史的手がかりとして、近世アジア交易圏の研究は従来にもまして重要なものとなってゆくでしょう。

（藪下　信幸）

参考文献

川勝平太編『グローバル・ヒストリーに向けて』藤原書店、2002 年。
A・G・フランク『リオリエント　アジア時代のグローバル・エコノミー』山下範久訳、藤原書店、2000 年。
浜下武志・川勝平太編『アジア交易圏と日本工業化』藤原書店、2001 年。
杉原薫『アジア間貿易の形成と構造』ミネルヴァ書房、1996 年。
山本有造編『帝国の研究—原理・類型・関係—』名古屋大学出版会、2003 年。

COLUMN
物価史研究と歴史家

＊物価史研究は、経済社会に関する歴史研究の中でも、最も古くから、物価表、賃金記録から得られた価格データを用いて数量分析がなされてきた代表的分野です。物価史は、また、本書「序章」、「第1章」でも登場のフランス年報学派（Annales 学派）の、特徴的な史的分析法の一つでもありました。

＊物価史研究とは、単に価格変動のデータ解釈に終始することなく、「時代の経済構造とその変動を、物価の動きを手がかりにして」追求し、「物価の動きをとおして、これらの時代の経済の総体的な動きをとらえようとする立場」（後掲書）です。この精神により 16 世紀価格革命を分析した我が国における先駆的研究が、竹岡敬温『近代フランス物価史序説』（1974 年）です。

＊また同じ著者による『「アナール学派」と社会史』（1990 年）は、フランス年報学派の基盤となる学術誌『社会経済史年報』が、1920 年代末に発刊された契機、この大恐慌期に物価史研究が欧米で盛んになり、現実の著しい経済変動が、当時の多数の歴史家たちをして、物価史研究への取り組みを大いに促した時代環境も、論じています。歴史家の問題意識、課題設定と、歴史家が生きた時代との関係が、ここに垣間見えます。

（市川 文彦）

第 2 章 〈近代消費社会〉の原像
―― 18世紀英国からの視点

第1節　消費社会とは？　――奢侈と経済学

「人はなぜ贅沢をするのか」という問いに皆さんはどう答えるでしょうか？　つい必要以上のものを購入することはないでしょうか？　いや、そんなことはない、質素に自然な暮らしをしているという人がいるかもしれません。ただ、近年流行りのスローライフも郊外でゆっくりすごすためには、移動手段として車が必要ですし、燃料も消費します。また、オーガニックな食材を求めるにしても、輸入食材にくらべ逆に価格が高いこともあります。つまり、どのようなライフスタイルを志向しても、大なり小なりの贅沢をしていると言えるでしょう。高級ブランド品をクレジットによって購入し、支払能力を越えてしまう人もいれば、最近では、フィギュアなどの特定の趣味に費やされる消費が取り上げられたりもします。

経済学は人を合理的経済人と仮定します。しかし消費に対する行動は時に非合理的です。それに対して経済学者や思想家がどのような解釈をしてきたのかを少し見てみましょう。消費という言葉自体はアダム・スミスによって「生産にとっての唯一の目標であり、かつ目的」と位置づ

けられていました。従来、消費は、奢侈と同じ意味合いを持ちました。贅沢をすること、つまり奢侈は 17 世紀以前には、重商主義やキリスト教の影響から奢侈批判がなされ、17 世紀には多くの奢侈禁止令が発令されました。ただし、ここで注意しておきたいのは禁じられたということは多くの奢侈行為が行われていたということです。

　批判を受けてきた奢侈＝贅沢ですが、17 世紀末にオランダ人医師 B・マンデヴィルによって書かれた『蜂の寓話』によって転機を迎えます。マンデヴィルは富者による奢侈を、国内需要を支える重要な要素と見なし擁護したからです。また啓蒙思想家モンテスキューは『法の精神』の中で、貴族による贅沢が市場を通して再分配を行うと主張しました。のちに制度学派のT・ヴェブレンは、「顕示的消費（Conspicuous Consumption)」という言葉を使って消費が行われるメカニズムを説明しました。消費は世間体を保つために行われ、裕福な階層だけではなく、最貧層でさえも体面を保つために資金を工面すると主張したのです。このことはミクロ経済学においてヴェブレン効果として知られています。

　いま挙げただけでも、「消費」に対する賛否両論のさまざまな意見が存在します。ただ一つ注目すべきは、どの論者も人と物の関係だけではなく、人と人のつながりを重要視している点です。それでは、そのようなつながりはいつ、どこで生まれたのでしょうか？　現在、さまざまな説が唱えられていますが、有力なものの一つが 18 世紀のイギリスです。次節では、企業家M・ボウルトンの事例と史料として検認遺産目録を取り上げてそれを見てゆきます。

第 2 節　産業革命と消費社会 —— 18 世紀イギリスの経験

　まず、産業革命の前に起こった経済的変化について見てみましょう。18 世紀前半の持続的な豊作によって、食料価格が下落し、実質賃金が 1.5 倍に上昇しました（図Ⅱ-1）。また平均結婚年齢の低下と女性の労働市

図Ⅱ-1　18世紀初頭のロンドン、ランカシャーにおける実質資金の推移
出典：B. R. Mitchell, *British Historical Statistics*, Cambridge University Press, Cambridge, 1988, p. 154.
注　：1700年＝100。

場への流入は家計単位の可処分所得を増大させました。経済史家のN・マケンドリックは、中間層の所得増加による購買力と「流行（fashion）」によって、多くの人が奢侈を行い、消費財が普及するようになったと主張しています。

　そのような中、バーミンガムの企業家M・ボウルトンはユニークな経営を展開しました。ボウルトンは、蒸気機関を発達させたことで知られるJ・ワットの共同事業者でした。ワットが蒸気機関の開発ができたのもボウルトンの資金があったからこそです。産業革命で中心的な役割をはたしたボウルトンですが、彼の主な製品は、蒸気機関や機械ではなく、女性が身につけるアクセサリーなどの普及品や装飾ボタン、メッキした食器や暖炉などを飾る装飾金具、銀製品の高級品でした。そのアク

セサリーは「トイ（toy）」と呼ばれていました。彼は1759年から1809年にかけて13もの事業を経営し、そのうちの10事業は装飾品に関係していました。産業革命の基盤となった蒸気機関を発達させたのは、これら奢侈品産業で発達した技術と資金だったのです。

　ボウルトンは、トイや銀製品の取引を通じて、さまざまなビジネスモデルを開発しました。まず、1759年に当時のファッションリーダーであった王族や貴族に自分の製品を見につけてもらうようにサンプル品を送るようになりました。このことは、ボウルトンがイギリス皇太子や首相に宛てた書簡からわかっています。そして1771年に流行（fashion）を利用するために、自分が招待した人のみ入場できる展示販売会を開催します。ボウルトンは、招待者が自身を「特別な存在」（ボウルトンの言葉）と思うように上品な招待状を作成しました。そしてファッションリーダーであったモンタギュー夫人をはじめとした上流階級を招待しました。限られた招待者向けの展示販売会を6日間にわたり新聞で宣伝し、ロンドン中の評判となりました。この展示販売会は、セレブリティのみが入場できる現在のファッションショーやブランド店のオープニングパーティを連想させます。また販売方法としてオークション形式を採用し、それは「お宝」を求める現在の日本の状況にも似ています。ボウルトンは、人が特別なものを求める欲求を刺激することに成功したのです。

　当時、トイは「流行的商品」と呼ばれ、そのデザインは目まぐるしく変化していました。ボウルトンは、デザイン専門の職人を雇用する一方、自分が所有するソーホー工場にデザイン学校を設立し人的資本の育成にも力を入れました。また、イギリス議会の認可をえて1773年にバーミンガム・アセイオフィス（貴金属分析所）を設立します。このバーミンガムのアセイオフィスには、他で13世紀以来行われてきた貴金属の品質検査だけではなく、製品や意匠保護の役割があったことが最近の研究からわかってきています。その設立によりボウルトンは、高級銀製品の製造を本格化させます。公的機関によって製品やデザインが保護された事によって、安心して奢侈製品を作ることができるようになったのです。

ボウルトンの経営手法は、増大した需要にサプライサイドである企業家がどのように反応したかの好事例と言えるでしょう。さまざまなビジネスモデルを考えだし、人と物、そして人と人とのネットワークを構築したのです。18世紀には、ボウルトンだけではなく、製陶家J・ウェッジウッドも活躍するなど、奢侈消費に対応する多くの企業家とビジネスモデルが登場しました。このことは、18世紀イギリスに消費社会が形成されていたことを示しています。

　さて、それでは、それらの商品の消費者、需要側の実態はどのようなものであったのかも見たいと思います。元来フローの概念である消費は歴史の史料としては残りにくい傾向にあります。ただ、人々の生活の実態と変化を見るのに適した史料として検認遺産目録（Probate Inventories）があります。検認遺産目録とは、ある人が死亡した際に遺産相続、教会への寄贈などを目的として、所有物を品目別に記録した文書です。近年の研究では債権債務の整理にも使用されたことがわかっています。R・ウェザリルは、18世紀イギリスの8か所における検認遺産目録に含まれる品目を、どの階層や職業グループ別にどれくらい出現するかの「出現率」の分析を行いました。その結果、慎重な結論ながらも、特定のグループに特定の商品が出現し、それは必ずしも社会的な階層と一致しないことがわかりました。

　一例として奴隷貿易の拠点として繁栄した港町ブリストル近辺の遺産目録を見てみましょう。表II-1は、ブリストル郊外のクリフトン・ウェストベリー地域の品目別出現率です。各社会階層・職業グループ別にわけて、そのサンプル数中、何パーセントその品目を持っていたかを示しています。Wはウェザリルの全国集計です。比較してみるとウェザリルのものと大差があることがお分かりいただけるかとおもいます。サンプルがまだ少ないこともありますが、まず最初に言えることは、どの品目も商人の出現率（数）がジェントリやヨーマンと比較して高い、ということです。これは物を取り扱う職業、物の移動させる職業についている人はさまざまな商品に接近できることとの関連が大きいからだと考え

られます。またウェザリルの全国統計には出てこない職業がブリストルにはあります。それはマリナー（船員）です。これは海に近いブリストルらしい地域的な職業といえます。このマリナーは特に鏡を中心にそれぞれの品目について高い出現率をしめしています。さきほどの商人とすこし似ていますが、マリナーのように自身が移動する層とジェントリー・ヨーマンのように移動しない層で大きな差異がでているという解釈が可能です。つまり商品への接近が可能な職業や生活習慣が消費生活に大きな影響を与えていると考えられます。消費財所有の傾向は、いつも社会階層によって決まるわけではないということです。それは上流階層が必ずしも高級品や書物を所有していないことからも窺いしることができるでしょう。逆に商人やマリナーが銀器などの奢侈品を多く所有しています。つまり、様々な階層に広範にひろがる消費社会が形成されつつあったのです。現在でも、ルイ・ヴィトンなどの高級ブランド品を学生の皆さんや所得の低い人でも持っている事を考えれば、消費の傾向や商品の所有は、社会階層や所得順に見るだけでは不十分で、消費を行う人が置かれた環境や状況によると言えるでしょう。消費を捉えるには多面的な視角が必要なのです。

第3節　消費社会のゆくえ

　最後にこれからの消費社会像を考えてみましょう。前節では、M・ボウルトンの経営展開と検認遺産目録を取り上げました。新しい販売手法やデザイン保護制度の成立、消費の実態をみることで、どのように18世紀のイギリス消費社会が作り上げられて行ったかを述べました。それらによって消費社会の持つ多様な側面をお分かりいただけたでしょう。
　それでは、消費が行われる原動力とはいったい何でしょうか？　M・ウェーバーは、資本主義の成立がプロテスタンティズムによる「精神的禁欲」に起因すると考えました。確かに高度経済成長を遂げた日本を例

表Ⅱ-1 クリフトン・ウェストベリー地域における社会階層・職業グループ別の品目出現率（数）1660年-1710年

品目	数	ナイフ/フォーク	W	茶器	W	テーブルクロス	W	絵画	W	本	W	銀器	W	鏡	W
ジェントリ/専門職	7	1 (14%)	11%	0	10%	0	62%	1 (14%)	33%	2 (28%)	27%	0	43%	0	60%
ヨーマン/ハズバンドマン	36	0	1%	8 (22%)	2%	0	25%	0	4%	0	11%	2 (5%)	7%	1 (3%)	14%
商人	5	3 (60%)	11%	4 (80%)	10%	0	62%	3 (60%)	33%	1 (20%)	27%	3 (60%)	43%	5 (100%)	60%
職人	13	0	2%	1 (7%)	4%	0	49%	0	15%	0	17%	0	22%	1 (7%)	36%
マリナー	7	1 (14%)	n.a	5 (71%)	n.a	0	n.a	1 (14%)	n.a	0	n.a	3 (42%)	n.a	6 (85%)	n.a

注：調査総数110例。未亡人除外。W…ウェザリルのイギリス8カ所によるデータ。
出典：Clifton and Westbery Probate invetnories 1609－1761 ウェザリルのイギリス1609－1761 をもとに作成。
Wetherill, L., Consumer Behavior & Material Culture in Britain 1600—1760, Routledge (1988). p. 184.

第2章 〈近代消費社会〉の原像　31

にとれば、住環境は良くなかったり奢侈消費をあまり行わず「禁欲的」な発展を遂げました。しかし、経済成長を遂げてきた社会ではあてはまっていたそれら法則も、低成長時代に入った日本には、かならずしも当てはまるとは言えないのではないでしょうか。B・ゾンバルトは、資本主義成立の要因の一つが贅沢であると主張しました。王侯貴族が行う奢侈消費が、市場を形成し、その製品を受注した庶民層の所得が上がり、消費が増えると考えたのです。消費の有益性は、A・マーシャルによっても「生産的消費」として取り上げられています。

　J・M・ケインズは、人の欲求には「絶対的欲求」と「相対的欲求」があり、相対的欲求は飽くことがないだろうと主張しました。ご飯を多く食べて満腹になるように、絶対的欲求は満たすことが可能です。しかし相対的欲求は、水準があがればあがるほど欲求の度合いが高くなるとケインズは考えたのです。一例をあげれば、最近「アキバ系」と呼ばれる趣味に生きる人たちはかならずしも所得が多い人たちだけではないでしょう。彼等は相対的欲求を満たすため、日々趣味人として生きています。そういった彼等の欲求が、新しい産業と消費財市場を形成し、雇用を生み出しています。

　最近の日本における相対的欲求の増加は、ボウルトンが生きた18世紀のイギリスと一見大差がないように見えます。ただ、産業革命による経済成長を背景とした18世紀イギリスにくらべ、現在の日本は低成長時代を迎えています。この違いは、現在の日本の消費社会の大きな特徴の一つです。これからは所得や経済成長だけではなく、人の趣味や趣向が主導的な役割を果たし、経済発展を支えるのかもしれません。

　　　　　　　　　　　　　　　　　　　　　　　（岡部　芳彦）

参考文献

J・M・ケインズ『説得評論集』宮崎義一訳、東洋経済新報社、1981 年。
T・ヴェブレン『有閑階級の理論』高哲男訳、ちくま学芸文庫、1998 年。
Moore, J. S. (Editor), *Clifton and Westbury Probate Inventories, 1609-1761*, Univ. Bristol, Dept. of Extra Mural Studs (1981).
Wetherill, L., *Consumer Behavior & Material Culture in Britain 1600-1760*, Routledge (1988).
佐村明知「モンテスキューにおける経済のエスプリ」『経済史研究』No. 5、2005 年。
岡部芳彦「18 世紀イギリスにおけるマーケティングと消費社会」『大阪大学経済学』第 51 巻 3 号、2001 年。

COLUMN
経済史上の〈アンシャン・レジーム〉期

＊〈アンシャン・レジーム〉期とは、18世紀末に生じたフランス革命以前の、「旧体制」時代を指す言葉です。この言葉がイメージする如く、近世・近代フランス史、また、同時期の世界史は、かのフランス大革命が、王政期の社会、経済体制を根底から一変させてしまったという構図で、永らく描かれてきました。革命前の時代（古きアンシャン・レジーム期）と、革命後の新時代（根本から一新された、近代的「新体制」期）の、「断絶」を伴う著しき全きコントラスト。このような両者の関係は、ちょうど、その数世紀前の、中世期と近世期とのかつての対比とも重なります。しばしば強調された、迷信と規制に支配された暗黒の中世と、啓蒙された自由で輝かしい近世との対比に。

＊さて経済史上の〈アンシャン・レジーム〉期は、近年の実証研究により、上記の構図とは裏腹に、その後の「大革命」期、「新体制」期を待たずして、様々にダイナミックな展開を示してきたことが浮き彫りになっています。その代表作の一つ、佐村明知『近世フランス財政・金融史研究』（1995年）は、王政期フランス（17-18世紀）で既に、国家が関与しない自生的な金融システムの形成（本書「第3章」参照）を、また近代銀行機能を先取りした柔軟な、いわば「プロト銀行」的金融組織のネットワーク化の整備を明らかにした成果です。

（市川 文彦）

第3章 経済史における国家
——経済発展との関連を中心に

第1節　国家と経済発展

　経済発展、近代経済成長、工業化といったタームで示される現象を考える上で、「国家」は無視し得ない要素です。こうした社会的・経済的変化はヨーロッパにおいては18世紀後半から19世紀にかけて顕著となり、やがて東アジアなど非ヨーロッパ地域に拡大して現在にいたりますが、多くの場合それは西欧によく似た国家（いわゆる「近代国家」）のシステムの普及を伴うものだったからです。

　「経済発展に国家はいかなる役割を果たす（果たした）のか？」という問いが、ここに浮かび上がります。これは経済発展を志向する世界中の多くの地域において現実的な緊要性に充ちた、また魅力的な問いでしたし、現在においてもそれはかわりません。

　経済史学は、国家と経済発展の関連をめぐる問いにどのように答えてきたのでしょうか。

第2節　国家の役割 ──理論的な観点から

　理論的な観点？　「経済史の理論」という言葉自体、もしかすると手のこんだアイロニカルな表現なのかもしれません。これはノーベル経済学賞受賞者Ｊ・Ｒ・ヒックスの高名な著書のタイトルでもありますが、この本のほぼ冒頭には「理論的に考えることは、元来歴史家たるもののなすべきことではない」という「懐疑主義」への共感が述べられています。もちろんその後邦訳文庫本では索引も含めて300頁にわたって、「市場の勃興」を中心とする経済史現象の一般化にヒックスはとりくんでいるのですが。ただしヒックスは「商人的経済」の成長を経済史の主要なテーマとしていますので、財政や保護主義の担い手として以外には国家の役割についての評価は意図的にやや後景に退くことになります。もちろん政府が近・現代の「行政革命」によって強大化したことも、あやまたず指摘されています。
　このヒックスが経済史学上の理論的な業績としてまず言及したのは、私たちの予想通りＫ・マルクスのそれです。ところがマルクス（ならびにＦ・エンゲルス）は、経済発展期における国家（資本主義国家）について実は系統だった一般理論を提供していません。数多くの文献でマルクスたちは資本主義国家について定義づけをおこなっていますが、それぞれが異なった──ときには矛盾すらある──アプローチによるものであることに注意しなければならないようです。それでも経済発展と国家との関連という問題意識に引き付ければ、発展する生産諸力に対応する経済的土台の反映、だとか、階級支配（ここではブルジョワジーによる支配）の道具といった位置づけがマルクスのものとして引き出せます。経済史的な議論は、長くこうした経済還元主義的な国家観を半ば自動的に採用してきました。ここでは一般論的な「国家の役割」については、そもそも問い自体が成立するかどうかあやしいくらいにきわめて簡潔な

答えが得られるでしょう。しかし現実には支配的な経済階級が必ず国家を統制しているわけでもなく、経済発展に即応して国家がそのシステムを機能的に変えられるわけでもありません。社会主義を標榜した国家群の経済的な破綻は、逆説的にそれを私たちに示したといえましょう。

　マルクスとは異なる視点に立ち、しかし同様に20世紀後半の現実によって手痛い反撃を被った国家観としては、経済発展のために公共的利益をあくまで追求する慈善的な国家というものがあります。これは直接的には古い世代（1950年代～70年代初頭）の開発経済学者とその周辺によって信じられたものです。賢明な国家——後年、いみじくも「プラトン哲学支持者によって構成される政府」と揶揄されました——がマクロ経済政策によって実現するはずだった経済構造の変革は、「近代化」というスローガンが端的に示しているように、おもに工業化期西欧の歴史的現実をフォローするものだと考えられていました。したがってそこで発揮されるべき国家の理想的な機能の、少なくとも原型は過去の経済発展のどこかに見出されるはずだったのです。W・W・ロストウの『経済成長の諸段階』は開発経済学と経済史学の接点に立った文献として記念碑的な価値を持ちますが、そこでも「（離陸＝近代経済成長始動への）先行条件においては中央政府がいくつかの不可欠かつ重要な技術的課題を遂行しなければならない」とされています。そしてロストウは、こうしたナショナリズムはドイツ、日本、ロシアでは離陸にさいして相応の働きをしたと考えていました。しかし東アジアなどを除く多くの途上国の70年代以降の現状は、開発経済学がこうした全知全能の調整者というべき国家の働きを仮定することを許さなくなりました。既に工業化を達成した諸国家の歴史的経験についても、これは逆に再検討を迫るものでした。

　国家の役割について端的な理論的示唆を与えたものとして、近年ではマルクス的なそれに拮抗する影響力を持つのは、D・ノースの「取引費用」概念にもとづく説明です。ノースとトーマスによる『西欧世界の勃興』では、西欧においていち早く経済発展が生じた理由を、16-18世紀に集

権的な国家が登場し、市民的な所有権を保護するようになったことだと主張しました。これはR・H・コースやW・O・ウィリアムソンらが創始・発展させた「取引費用」（経済的取引に伴って生じる様々なコスト）の概念を援用し、取引費用を低減するような効率的な経済組織や制度を重視する考えを西欧における持続的経済成長の開始という歴史的現実に照らし合わせたものです。ノースらによれば、初期近代のオランダや英国では個人的な契約の執行を保証し、かつ自身が恣意的に市民の財産を簒奪することのない国家が歴史上初めて成立し、このことが両国の経済主体のインセンティブを高めることで経済発展を開始させたとします。本当に市民革命が経済発展に直接の影響を及ぼしたのかについては実証的な批判も少なくないのですが、「社会のゲームのルール……あるいは相互作用を形作る人間が作った制約」である「制度」の一部として国家は経済発展を促進するというノースのアイディアは、最近の経済学の視角にも生かされています。そこでは、政府（国家）を市場と補完的な関係にある経済システムの構成要素として扱うべきだとします。ヨーロッパにおいて（「のみ」）持続的経済成長がはじまったのは、多数の国民国家が互いに競争し牽制しあうこと（「多国家併存体制」）が成長を促す制度＝市場を形成したためだ、とするE・L・ジョーンズの『ヨーロッパの奇跡』の野心的な主張も、ノースの主張の時間的・地理的な拡大をともなう応用編という側面があるでしょう。

第3節　国家は経済発展に貢献したのか
　　　　　──西欧諸国の経験から

　ノースが提示した所有権を保護する強制力を持った国家というアイディアは、モデルとして明快なものであっても、現実に国家が果たしてきた役割を説明する上で不足を感じさせないものではありません。マルクス的な、あるいは理想的な国家観と同様に、きわめて原理的なものと

みなして受容されるべきかもしれません。

　以下では、主に西欧諸国の経済発展（ここでは工業化と同義とします）において国家が政策的にどのような貢献をした（あるいは、それを試みた）かを、もう少し具体的に瞥見しておきましょう。結果として、いわゆる先進国の経験では、理論的考察が期待するよりも国家の貢献は限られていたといわざるを得ません。

　ヒックスが重視したように、経済的ナショナリズム貫徹のために保護関税は古くからある国家の「武器」でした。重商主義の時代にあってはもちろん、一般に自由貿易の発達した時代といわれる19世紀においても、実は多くの国は比較的高率の関税をとくに工業製品に対して課すことによって自国産業の保護をはかり、工業化＝経済発展に結び付けようとしていたのです。ナポレオンによるフランスの大陸制度（対英国貿易の制限）は近代国家における古典的な例です。19世紀後半においても関税率の比較（表Ⅲ-1）で見る限り、最先進工業国として自由貿易体制を主導していた英国は、「保護主義の海に囲まれた島」でした。後発国の工業の成長が顕在化するのは、たしかにこの時期でした。ただし各国のキャッチ・アップの速度と程度が保護関税の程度に対応しているわけではもちろんありません。たとえばドイツ関税同盟（1834年成立）は当初、鉄製品や機械の輸入に対する関税障壁の役目を果たしたわけではなく、税率は低く抑えられていましたが、ドイツの重工業は"にもかかわらず"高度な発展をとげたといえます。一方では大陸制度にはじまるフランスの保護関税は、英国の先進的な技術や資本の自然な流入を制限し、経済発展にネガティブな影響を与えた可能性も否定できません。

　国家が工業化に必要な制度を整備した例として、投資の増大に直接関連する金融システムの制度があげられます。「最後の貸し手」たる中央銀行の設立は、端的なそのあらわれだとされます。ただし金融システムの発達に、ひとつのモデルによる単線的な経路を仮定するのは誤りです。工業化に先立つ時期には必ずしも国家による制度設計を必要としない自生的なシステムの多様な発展があったことは、フランス金融史に関する

表Ⅲ-1　主要国における工業製品輸入への平均的課税率

1820-1987年（従価税、%）

	1820	1875	1913	1925	1931	1950	1980	1990
オーストリア	＊	15-20	18	16	24	18	14.6	12.7
ベルギー	6-8	9-10	9	15	14	11	8.3	5.9
デンマーク	25-35	15-20	14	10	―	3	8.3	5.9
フランス	＊	12-15	20	21	30	18	8.3	5.9
ドイツ	8-12	4-6	13	20	21	26	8.3	5.9
イタリア	―	8-10	18	22	46	25	8.3	5.9
オランダ	6-8	3-5	4	6	―	11	8.3	5.9
ロシア	＊	15-20	84	＊	＊	＊	＊	＊
スペイン	＊	15-20	41	41	63	―	8.3	5.9
スウェーデン	＊	3-5	20	16	21	9	6.2	4.4
スイス	8-12	4-6	9	14	19	―	3.3	2.6
英国	45-55	0	0	5	―	23	8.3	5.9
米国	35-45	40-50	44	37	48	14	7	4.8
日本	＊	5	30	―	―	―	9.9	5.3

＊　：多数の輸入規制がある。
―　：データなし。
出典：Paul Bairoch, Economics and World History: Myths and Paradoxes Chicago, 1993: p. 40.

　佐村明知氏の独創的な研究が明らかにしているとおりです。官僚制国家の腐敗でしかないと思われてきた官職売買――Ｊ・ブリュア『財政＝軍事国家の衝撃』なども英国についてこの常識的な見解を疑いませんが――は、実は官職を金融商品とする効率的な金融市場の一つの現れだったのです。

　この国家官僚制の機能についてもさまざまな評価があります。上記のブリュアは18世紀が自由主義的な時代だったという通説に反して、産業革命期前後の英国では有能で勤勉な行政官と強大で集権化された統治システムが経済発展を導いたことを力説しますが、国家官僚制の介入が高く評価されてきたのはもともと大陸諸国についてでした。しかし国家

主導主義の伝統をもつフランスについても、フリードリヒ2世（大王）時代以来の新興大国プロイセン（ドイツ）にしても、王立マニュファクチュアといった形で国家が直接経営や技術導入に乗り出したケースにはむしろ失敗例が多いようです。

　ドイツについては、発達した官僚制が19世紀以降の大企業経営のモデルになったとするJ・コッカによる説明が有力です。もっとも同じ合理的な組織運営でも、「統治」と「経営」との間にある距離は意外に大きいのではないかという批判は最近も出されています。上にあげた王立マニュファクチュアの例として、プロイセン王国オーバーシュレージェン地方の鉱山・製鉄関連の王立企業が有名です。初期には最新鋭の技術を導入し、国内では飛びぬけた生産力を誇った王立企業は、たしかにある種のシナジー効果をプロイセンの鉱業・製鉄業に与えたと評価できます。しかし、19世紀後半の本格的な工業化期には多額の赤字を出し、「国家にとってのガン」とまで言われるようになりますが、そこでは煩瑣な官僚制ヒエラルキーが生産性向上を阻害したことがかねてから指摘されていました（肥前栄一『ドイツ経済政策史序説：プロイセン的進化の史的構造』未来社、1973年、「第二章」参照）。

　ほとんど疑いないとされている国家による教育システムの整備と人的資本形成の関係にしたところで、実証は意外に困難なのです。たとえば19世紀ドイツの新人文主義的教育における古典語教育偏重は、本当に工業化という「目標」（？）に整合的だったのでしょうか？　義務教育を含む学校教育だけではなく、手工業的な伝統が人的資本形成に貢献したことも考慮すべきでしょう。

　発明や技術革新については、特許や実用新案といった形での保護が制度化されることでその促進が図られることも常識となっています。ここでも国家の役割は疑いがなさそうです。しかしこれもプロイセン王国に例をとれば、現実にはその特許行政は不備、恣意的で混乱していたため、19世紀半ばを過ぎるまで殆ど経済的意味を持たなかったといわれます（この点については、木元富夫氏の諸研究を参照）。19世紀はじめのプ

ロイセン王国官僚にみられた自由主義の立場からは、特許付与は独占という弊害につながるため、極力制限するべきだと考えられたのです。

19世紀以前の工業化期には、まだ国家はみずからが何をなすべきかを、またどのようになすべきかもよく認知できていなかったといえるでしょう。そしてこれは、歴史上の国家においてのみいえることでもないのです。

第4節 「国家か地域か」？

経済発展における国家の役割が上で眺めたように必ずしも明白に大きくはないことがわかるにつれ、工業化に関してはこれを国民国家のフレームワークから切り離して考えるべきではないかという考えが力を得てきました。「工業化は地域的な現象である」というのは、国家ならぬ「地域」の定義がなお不確定であるにもかかわらず——というよりは、まさに不確定で曖昧であるがゆえに——いまや学界の共通理解となっています。国家があいかわらず分析の単位となるのは、ただそこからだけ利用可能なデータ（統計資料など）を得られるからにすぎないとさえいわれることもあります。

しかしなお、経済発展における国家の役割を探る余地は大きく残されています。「国家か地域か」という二分法は、「国家か市場か」という前世代のマクロ経済学の、今では乗り越えられた問いを思い起こさせます。これと同様に、地域の工業化にいかに国家が介在したのか、それが工業化＝経済発展を促進しえたのか、国民経済の成立を地域経済の発展から内生的に説明できないか、といったよりバランスのとれた問いとその答えが改めて探られるべきではないでしょうか。

（鴻澤　歩）

参考文献

J・ヒックス『経済史の理論』原著 1969 年、新保博・渡辺文夫訳、講談社学術文庫、1995 年。
ジョン・アーリ『経済・市民主義・国家』原著 1981 年、清野正義・監訳、法律文化社、1986 年。
D・ノース／R・トーマス『西欧世界の勃興』原著 1973 年、速水融・穐本洋哉訳、ミネルヴァ書房、1980 年。
J・ブリュア『財政＝軍事国家の衝撃』原著 1989 年、大久保桂子訳、名古屋大学出版会、2003 年。
佐村明知『近世フランス財政・金融史研究』有斐閣、1995 年。
J・コッカ『工業化・組織化・官僚制』加来祥男編訳、名古屋大学出版会、1992 年。

COLUMN
ドイツ歴史学界における諸論争

＊第二次世界大戦後のドイツの近現代史学においては、国際的な注目を集めた大掛かりな論争がいくつか存在しました。1970年代の「ボルヒャルト論争」や80年代の「『ドイツ特有の道』論争」、それに90年代前半には「歴史家論争」に耳目を注がれました。ごく大雑把にいって、最初のものは「大不況期においてもドイツ政府は緊縮政策をとりつづけたが、これはやむをえなかったのか？」という問題をめぐるもの、次は「19世紀ドイツにおいて市民革命が失敗し、西欧的な近代市民社会が成立しなかったことがナチス出現の根本的な原因である」というドイツ社会構造史派による支配的見解の是非をめぐるもの、そして最後は「ホロコーストなどのナチによる犯罪は、共産主義によるそれと比較して相対化が可能である」といういわゆる「修正主義」とこれを批判するリベラル左派との激しい攻撃の応酬でした。

＊それぞれが直接の対象とする時代も、論争の角度（技術的なものから、はっきりと政治理念によるものまで）も異なりますが、これらに共通するのは「ナチズムとは？」という巨大な問いが背景にあることでしょう。これらよりかなり小規模なものですが、90年代末から2000年代の初頭には、「経営史学はどのようなものであるべきか」をめぐる、「経営史論争」というべきものがありました。主に専門誌上で展開された方法論的な論争でしたが、ここでも「企業おかかえの社史レベルに留まる研究は、学術的アプローチによるナチ時代の企業経営の実態解明をむしろ妨げるのではないか？」という問題提起がなされています。

（鳩澤 歩）

第4章 近代経済社会システムの登場：その「新しさ」と「旧さ」を巡って
―― 19世紀フランスからの視点

与古為新：古きに与り新しきを為す。

司空図

　20-21世紀の〈現代社会〉へと連なり、〈現代〉の基盤を形成してきた19世紀の、〈近代経済社会〉としての新しさ、特質とは何でしょうか？

　本章では、19世紀フランスの姿を具体例に、近代経済社会を特徴づけた新しい〈革新的要素〉と、これと結びつく、旧い〈継続的要素〉、〈在来的要素〉の、両相に注目します。

　そして、19世紀的、近代的な経済社会の真の新しさ、ユニークさとは、この時期に認められた新旧両要素の結びつき、融合、そして有機的ネットワークによって初めてもたらされる経済システムのダイナミックな形成であった点に留意していきます。

第1節　時代が帯びる「新しさ」と「旧さ」と

　現代＝21世紀初頭に生きる我々は、最先端技術を駆使した「文明の利器」に囲まれて生活しています。機能拡充の携帯電話機、便利さと地球環境保全を両立させようとするハイブリッド・カー、等々。これ

らの未来社会も視野に入れた、そして、これまでに全く存在しなかったタイプの新規開発品を、〈プロダクト・イノヴェーション〉〔product innovation：新概念による製品創造の、技術革新〕による製品といいます。

　我々の、便利で、ラクで、快適な生活様式を支えているのは、しかし、これらの新製品ばかりではありません。近代・近世・中世期以前から存在してきた品々（例：貨幣）や、古来から続く社会制度（例：いちば）も、折々、手を加えながら利用しています。既存のものである、これらを、変化に富む時代環境に合わせ、製造・供給する過程で、作り換えリニューアルしていく作業を、〈プロセス・イノヴェーション〉〔process innovation：工程革新〕といいます。古代から存在し、そして今日の基盤となる市場制度の、具体的装置としての市（いち、いちば）のスタイル、機能は、まさに〈プロセス・イノヴェーション〉によって、修正を重ねられ変化しながら、存続してきました。

　例えば、市、について。パリ市では、今日でも魚類については、全市内消費量の38％が、また野菜・果実については、同32％が、街頭の常設／定期小売市場から、購入されます（INSEE、1993年調査）。対照的に、東京では、このような常設／定期市場等への依存度は大変低く、魚類4.3％、野菜・果実類4.6％に留まっています（東京都庁、2004年調査）。東京（そして日本）では、スーパー・マーケット、ハイパー・マーケットなど、他の流通チャンネルの利用比率が日常的に高いことがわかります。

　パリ市内の各市場が、〈プロセス・イノヴェーション〉を経て、現代風のニーズに対応すべく、自己変化しながら維持されている姿と、東京での状況は大いに異なっています。もっとも東京と、その近郊でも「フリマ」（自由市）という形式で、市（いちば）が、形を変えて、一部「復活」しているのかもしれません。

　現代社会においても、このような二種の〈イノヴェーション〉による新旧さまざまな産物・サーヴィスが混在、融合していることがわかります。近代化、現代化による経済社会システムの大変化とは、実は全く新

規のモノに因るのみではないのです。近代以前に発祥のモノも、作り換えられ、時代に適応させて、継続性を有しながら、共に社会変化をもたらしている、というわけです。

このような、時代が抱く、〈新しさ〉（革新性）と、〈旧さ〉（在来性）の両相について、近代経済社会システムの展開に即して、以下考えてみましょう。

第2節　19世紀──新たな変革の時代として

19世紀、今からちょうど二百年ほど前に始まるこの時代は、現在、我々の日常生活が依存する、様々な社会システムの基盤が創出され、定着した時期です。欧米では、鉄道、電灯、ガス、電信・電話、百貨店、公的学校制度、大規模工場制、などが、この19世紀になって、人類史上、初めて登場してきました。多くの場合、新技術の開発、定着によって登場可能となり、これら発明物は、便利な装置、皆が共有して利用する新システムを支える公共財として、世の人々に受け容れられました。

例えばナポレオン戦争（1800-1815年）敗戦後の、つまり「大陸体制」崩壊後のフランスでも、1815年頃から、後にみるように各部門で工業化が本格的に始動しました。

また19世紀全般にわたり、フランス国民経済で重要な地位を占めた農業も、この時期の道路、水路（＝河川・運河）、鉄路（＝鉄道業）の、三つの路の整備、また生産性向上を伴った技術進歩によって、国内各地域ごとの専業化、分業化が進み、今日、一般化している商業的農業が、安定的に各地で展開し始めました。

工業は、この重要セクター＝農業に優る成長を遂げ、19世紀フランスの経済発展の主導を担います（表Ⅳ-1）。まず急成長部門となったのは、綿紡績業であり、関連する衣料製造業（アパレル）と併せると、こ

表IV-1 一人当たり GNP の国際比較

国　名	近代経済成長の初期時点 （1965年ドル）	1965年 （1965年ドル）	1999年 a) （1999年ドル）
オーストラリア	760（1861～69）	2,023	20,773
スイス	529（1865）	2,354	36,347
カナダ	508（1870～74）	2,507	21,146
アメリカ	474（1834～43）	3,580	34,047
デンマーク	370（1865～69）	2,238	32,760
オランダ	347（1831～40）	1,609	24,899
ベルギー	326（1831～40）	1,835	24,457
ドイツ	302（1850～59）	1,939 b)	25,727
ノルウェー	287（1865～69）	1,912	34,292
イタリア	261（1861～69）	1,100	20,421
フランス	242（1831～40）	2,047	24,228
イギリス	227（1765～85）	1,870	24,548
スウェーデン	215（1861～69）	2,713	26,939
日　本	136（1886）	876	35,715

注　：a）一人当たり GDP　b）旧西ドイツ。
資料：初期時点と1965年：クズネッツ・データ（1977）。日本の初期時点は、1965年の一人当たり GNP をクズネッツと同様の方法で延長して推計。その延長には、1934～36年価格の GNE（Ohkawa and Shinohara・データ（1979））を人口で除した系列を使用した。1999年：『世界統計 2001』81-82頁。
南　亮進『日本の経済発展』3版、4頁より引用。

の部門は工業付加価値総額中、同世紀中葉で40％に達していました。ノルマンディー、ノール、アルザス綿業三大中心地は、次第に機械制紡績を採り入れていきます。

また高級品生産で、内外の定評を獲得してきたリヨン地域の絹業でも、ジャカード織機や蒸気煮繭釜を採用して生産を拡張しました（服部・谷川編『フランス近代史』第3、4章）。ちなみに、このジャカード織機は、当時の先端技術として、明治期初めに、成立直後の日本政府と派遣留学

生らの努力で、フランス等から西陣、足利、桐生などの絹業中心地に導入され、この地域の生産拡大に大いに寄与していくことになります（市川孝正『日本農村工業史研究』）。

　さて、ここで留意すべきは、この19世紀の、近代フランス経済の特質の一つが明らかになることです。かかる綿・絹等の織物業の発展を軸に、その関連産業である衣料製造＝販売業も成長し、これがさらに食品業、日用品製造業とも結びついてパリなど大都会の都市工業の発展、消費財生産の拠点形成へと波及していったこと。また、この動きと連動して、生産財産業でも、綿紡績機の機械制大量生産が、1820年代にアルザスで始まったことです。

　以上の如く、近代フランスの有した〈革新的要素〉は、19世紀の「新しさ」を特徴付けるものでした。世の中を一変させてしまう、様々な革新に彩られた〈19世紀〉、現在の〈原型〉としての〈19世紀〉、というイメージは、これまでにも、しばしば強調されてきたところでした。

　19世紀経済のダイナミズムは、しかし当時の人々の耳目を奪った多様な〈変化〉、〈革新〉の集積に因るのみではありませんでした。

　次節では、19世紀フランスが示した、もう一つの特質点をみてみましょう。

第3節　19世紀　──旧き遺産との融合の時代として

　19世紀フランス経済が明らかにする、もう一つのダイナミズムは、（前節での、大量生産化への動きと共に、）消費財及び生産財両産業での、フランス産業史上、常に維持されてきた少量多品種で、とりわけ付加価値の大きい高級品造りを得意とする蓄積に現れていました。職人層による小生産拠点（アトリエ）での、「モノ作り」の伝統が守られていたわけです（フランス中部地方での、世紀中葉までの木炭銑使用による上質

第4章　近代経済社会システムの登場　　49

錬鉄製造、またリヨンでの高級絹生産など)。

　またフランスでは、産業活動の基盤となる交通インフラストラクチャーの整備状況においても、19世紀を象徴した新たな輸送手段＝鉄道と、旧来の輸送手段＝道路・水路（河川・運河）との、競争と相互補完の両相がみられました。交通インフラ面、輸送ネットワーク面での、新旧の両輸送手段間の融合化、統合化、また「棲み分け」（＝輸送市場内での差別化、補完化）が、輸送競争と共に進んだことです。

　確かに、鉄道の出現は、19世紀中葉以前までの交通体系を、一変させてしまう影響力、競争力を伴っていました。鉄道業は、一国の重要工業部門である鉄鋼業の生産を拡張させる、大規模な需要を引き起こした点でも、注目に値します（鉄鋼業への後方連関効果）。

　しかしながら、より注意しておくべきは、鉄路・道路・水路の、新旧三種の路は、19世紀後半期をつうじ、リズム差を伴いながらも、並進的に整備されていったことです（図Ⅳ-1）。その結果、1840-1920年期に、水路による輸送量の伸び率（4.4倍）は、道路輸送量の伸び率（1.9倍）を、はるかに凌駕するに至りました。在来的な輸送手段であった水路が改変され、「河岸駅」「運河駅」「港湾駅」設置をつうじ、新手段・鉄道と有機的にリンクして、新しく重層的な輸送ネットワークを形成していった背景もありました（図Ⅳ-2）。このように、近代フランスでは、(単なる「鉄道革命」を超えて) 新旧の交通手段を統合し融合していった点で新味のある、「交通革命」が生じていたのです。

　さて鉄道に並ぶ、この時代の大切な発明物の一つ、百貨店も、1852年にパリで世界初の開業をみました（ボン・マルシェ百貨店）。積極的に営業上の新機軸を考えついて、成功を収めました。多くの場合、百貨店の前身は〈流行新服店〉という衣料製造販売店でした。ここでも興味深いのは、百貨店方式として推進された新商法の多くは、これら〈流行新服店〉時代に、既に入店自由・定価表示・現金取引として編み出され、さらに洗練されていったものであったことです（北山晴一『おしゃれと権力』；鹿島　茂『デパートを発明した夫婦』（1991年））。

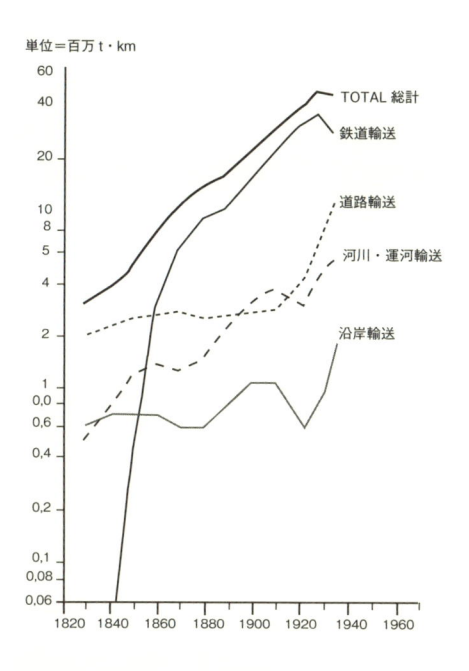

図Ⅳ-1　フランスの輸送手段別国内貨物輸送量

出典：TOUTAIN, J-C. "Les transports en France de 1830 à 1865" Économie et Sociétés AF n.9, 1967.

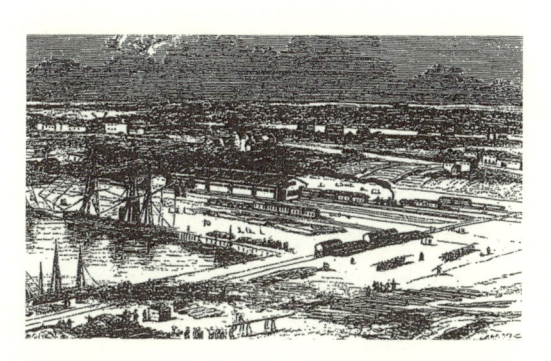

図Ⅳ-2　サン・ナゼール地方の船着場と鉄道

出典："L' ILLUSTRATION", Journal Universel 1857年8月22日記事より。
『市場史研究』第25号、2005年、5頁より引用。

第4章　近代経済社会システムの登場　　51

このように〈近代以前〉と〈近代〉の、新旧両要素を活用し、また両者を融合させていった重層的な近代フランスの産業構成、社会経済システムは、二つの特徴を示します。一つは、いち早く機械制大量生産を先導した、「最初の工業国家」、(近代期の)「世界の工場」英国のパターンや、これに追随していったドイツ、アメリカ合衆国の生産体制構築の方法とは対照的な、もう一つの工業化パターンであること。(ちなみに20世紀末から、つまりここ数年、「世界の工場」と呼ばれる国は、アメリカ合衆国でも日本でもなく、中国である状況を、皆さん、ご存知ですね？)近代フランスの経済社会は、英・独・米とは異なる途を辿ったプロセスを明示しています。
　二つ目の特徴は、この近代フランス型パターンは、長期にわたる〈工業化の加速化〉という用語で説明しうる現象であったことです。緩やかで継続的な、しかし着実な変革が進展し、革新的要素と在来的要素との融合を伴って進行しました。これは、短期間での大変動をイメージさせる〈産業革命〉という用語で説明するよりも、より適切な用語であったでしょう。なお、〈産業革命〉的状況の有無については、独りフランスのみならず、英国や、他の欧州諸国の諸経験を対象として、実証的に再検討する研究が、その定義とともに進んでいます(表IV-2)。
　また上記の、長期にわたる〈工業化の加速化〉現象を把握していくには、例えばアンシャン・レジーム期フランスで機能していた近代銀行成立以前の、いわば「プロト銀行」的金融組織の役割(佐村明知『近世フランス財政・金融史研究』1995年)に注目したり、あるいは個人経営、零細経営を中心とする各国の〈在来産業〉の、工業化への貢献を明らかにした最近の諸研究(中村隆英『明治大正期の経済』1985年、谷本雅之『日本における在来的経済発展と織物業』1998年、藤井和夫『ポーランド近代経済史』1989年、寺本益英『戦前期日本茶業史研究』1999年、等々)の検討が有益です。
　19世紀欧米各国の経済社会システムの展開も、その性格、採り得る成長パターン、工業化のスタイルが、各国のもつ生産資源の賦存条件、

比較優位性、社会環境等、また市場での組織化、ネットワーク形成によって、大いに異なってくることがわかります。今日でも、また欧米以外の地域でも同様です。「序章」での、1970年代の同時期に共に高成長を開始した、台湾・韓国・シンガポール三カ国の発展パターンが、まさに三者間で相異しながら進行していった史実を改めて想起してみて下さい。

（市川　文彦）

表Ⅳ-2　経済成長率、人口増加率および一人当り生産の成長率：国際比較

(％)

国名	期間	年数	G (Y)	G (N)	G (Y/N)
日本	1885/89 ～ 1963/67	78	3.6	1.1	2.5
アメリカ	1834/43 ～ 1963/67	125.5	3.6	2.0	1.6
カナダ	1870/74 ～ 1963/67	93	3.5	1.8	1.7
スウェーデン	1861/69 ～ 1963/67	100	3.2	0.6	2.6
デンマーク	1865/69 ～ 1963/67	98	2.9	1.0	1.9
ノルウェー	1865/69 ～ 1963/67	98	2.8	0.8	2.0
イタリア	1895/99 ～ 1963/67	68	2.8	0.7	2.1
ドイツ	1850/59 ～ 1963/67	110.5	2.7	1.0	1.7
オランダ	1860/70 ～ 1963/67	100.5	2.5	1.3	1.2
スイス	1910 ～ 1963/67	55	2.3	0.8	1.5
イギリス	1765/85 ～ 1963/67	180.5	2.2	1.0	1.2
フランス	1831/40 ～ 1963/67	128.5	2.0	0.3	1.7
ベルギー	1900/04 ～ 1963/67	63	1.9	0.5	1.4

注　：Y＝実質GNP（国によってはGDP、NNP、国民所得など）。N＝総人口。戦後のドイツは旧西ドイツ。

資料：G (Y)、G (N)、G (Y/N)：クズネッツ・データ（1997）の10年当り成長率を年当りに換算したもの。ただし日本のY, NはOhkawa and Shinohara・データ（1979）、他による。

南　亮進『日本の経済発展』3版、26頁より引用。

参考文献

服部春彦・谷川　稔編『フランス近代史』ミネルヴァ書房、1993年。
市川孝正『日本農村工業史研究　桐生・足利織物業の分析』文眞堂、1996年。
原　輝史編『フランス経営史』有斐閣、1980年。
北山晴一『おしゃれと権力』三省堂、1985年。
市川文彦「比較都市交通史からの接近：商都・水都おほさか　と　港都かうべ」；
　　　　「コメント」『市場史研究』第25号、2005年。

COLUMN
イタリアのファッショ期と、ファッション

　＊イタリアといえば、流行を意識している洗練された服や生地を思い浮かべる人が多いのではないでしょうか。日本にも古くから織物の産地として西陣や桐生があるように、イタリアにもミラノ郊外のコモ、フィレンツェ郊外のプラートなど有名な織物産地が存在しています。現在みられるイタリアン・ファッションは意外にも戦後に形成されたものが多く、戦前のイタリア国内産地はパリ・ファッションの下請けのような位置であり、ブランド力はないものの織物の品質は良いとされていました。

　＊両大戦期間のイタリアにおける輸出主力商品は絹織物や生糸で、1922年にムッソリーニのファシスト党（ファッショ）が政権を握った後、彼は外貨獲得の手段として絹織物や生糸の生産を奨励する他、自給自足を進めるために代替繊維であるレーヨンの製造に力を入れ、1930年代にはそれらを利用したイタリアン・ファッションを確立しようと試みていました。この時期は、ムッソリーニが行った経済政策については評価が分かれるところですが、イタリアン・ファッションの礎を築いた時代、といえるかもしれません。

（日野 真紀子）

第5章 アジアから展望した近代国際通貨制度の形成

第1節　国際金本位制の背景

　19世紀末から20世紀初頭の時期は、それまでの大不況期を脱し、世界経済が急速に発展した時期です。それと同時に、ヒト・モノ・カネ・情報のネットワークが地球規模で整備され、16世紀のグローバリゼーションとは異なる、新たな段階のグローバリゼーションが成立していきました。そのグローバリゼーションのなかで、最も重要な特徴の一つとして挙げられるのが、イギリスを中核とした国際金本位制の成立であり、それは世界のほとんどの地域の通貨制度が歴史上初めて一つの枠組みの下に組み込まれたということで、それまでの国際通貨体制とは異なる新たな展開を見せる出来事となりました。

　表Ⅴ-1は1868年と1908年に各国・各地域がどのような通貨制度を採用していたのかを示したものです。1868年段階では、イギリス、ポルトガル、ドイツ諸邦の一部（ブレーメン）でしかヨーロッパで金本位制は成立していませんでした。世界的に見てもカナダ、オーストラリア、ブラジルなど僅かな国でしか成立しておらず、相対的に見れば、金本位制は世界の通貨制度のなかで少数派の通貨制度でした。それが20世紀

初頭の1908年段階になると、その状況は一変し、金本位制や金為替本位制と言った、金を唯一の本位貨幣とする通貨制度を採用している地域が、世界の通貨制度の大半を占めるようになりました。この時期に自国の通貨制度として、銀を本位貨幣として採用している国は、中国、香港、ペルシアといった僅かな国だけになっており、世界経済の「中心」を担う国々においては、金を唯一の本位貨幣とする通貨制度が普及していました。

　このような国際金本位制の世界規模での普及は、それまで世界各地に並存していた金銀複本位制や銀本位制を、金を唯一の本位貨幣とする通貨制度の下に「再編」することで進展していきました。表V-1でも見て取れるように、19世紀中葉の世界各地の通貨制度の多くは、金を唯一の本位貨幣としているのではなく、むしろ銀も金と同程度に本位貨幣として、その地位を与えられることで、成立していました。それが半世紀の間に、金を本位貨幣とする通貨制度へと、転換することが迫られ、世界の多くの国々は、自ら意図したか否かに関係なく、自国の通貨制度を「再編」したのです。その「再編」の過程で、銀は世界各地の通貨制度の中から本位貨幣の地位を喪失し、金と比べて国際的な通貨制度の枠組みのなかでの担うべき役割が縮小しました。しかし、本位貨幣の地位を喪失したからと言って、通貨としての役割をすべて失ったかと言えば、それは間違いと言わざるを得ません。19世紀末から20世紀初頭に金本位制が世界規模で普及し、金銀複本位制や銀本位制が大きく後退したからといって、実際にはそのように単純に描けるものではないと考えます。

　事例を挙げて見てみましょう。19世紀後半から20世紀初頭のアジアにおいて、銀貨の流通が残存していた地域がアジアを中心に世界各地で見られていました。また、20世紀初頭の段階においても、中央銀行や政府が自ら発行した紙幣を金や銀に兌換することを実施できていなかった地域も、ヨーロッパをはじめ数カ国で存在していました。これらの点から、国際金本位制は一様ではなかったことが分かります。

表Ⅴ-1　世界主要国の本位貨幣（1868年・1908年）

		1868年	1908年
ヨーロッパ			
	イギリス（United Kingdom）	G	G
	フランス	B	G
	ベルギー	B	G
	スイス	B	G
	イタリア	B	G
	ドイツ帝国		
	ブレーメン	G	G
	北部・南部・ハンザ	S	G
	オランダ	S	G
	デンマーク	S	G
	ノルウェー	S	G
	スウェーデン	S	G
	オーストリア	S	G
	ロシア	B	G
	スペイン	B	G
	ポルトガル	G	G
	ルーマニア	B	G
南北アメリカ			
	アメリカ合衆国	B	G
	カナダ	G	G
	メキシコ	S	G
	チリ	G	G
	ブラジル	G	G
	アルゼンチン	B	G
中東			
	オスマン帝国	G	GE
	エジプト	G	G
	ペルシア	B	B/S
アジア・太平洋			
	英領インド	S	GE
	中国	S	S
	香港	S	S
	蘭領東インド	S	GE
	日本	S	GE
	シャム	S	GE
	海峡植民地（英領マラヤ）	S	GE
	フィリッピン	B	GE
	オーストラリア	G	G

注　：金本位制はG、銀本位制はS、金銀複本位制はB、金為替本位制はGE、と略して示す。
出所：J.B. de Macedo, B. Eichengreen and J. Reis (eds.), *Currency Convertibility: The gold standard and beyond*, London: Routledge, 1996, P.115 & 120, より作成。一部筆者が加筆した。

第5章　アジアから展望した近代国際通貨制度の形成

次にいつから国際金本位制の成立が始まったのかについて考えてみましょう。国際金本位制の端緒としては幾つか説があります。まず、イギリスが法的に金本位制を確立させた1817年が国際金本位制の始まりにあたると指摘する見解があります。しかし、19世紀前半の段階で、世界の多くの地域で銀が本位貨幣の地位を持っており、金よりむしろ銀の方が世界経済のなかで広く使用されていました。ゆえに、1817年を国際金本位制の端緒と位置づけることは、かなりの無理があると言わざるを得ません。現在、通説的な理解として多くの研究で挙げられている時期は、フランスやベルギーが金銀複本位制を放棄して、事実上の金本位制に移行した1878年です。その理由としては、この段階でドイツ帝国やオランダも既に金本体制に移行しており、西ヨーロッパ諸国のなかの主要国すべてが金本位制に移行したことで、その後の世界各地の通貨制度の展開の流れを決めるメルクマールになったからです。ではフランスやベルギーが通貨制度を転換する必要がなぜ生じたのでしょうか。金銀複本位制から金本位制へと転換する理由は何だったのでしょうか。

1870年代と言う時期は、貴金属の産出高に大きな変化が見られた時期でもありました。とくに銀の産出量は、アメリカ合衆国を中心に、飛躍的に拡大していきました。アメリカ合衆国では、この当時、新たな精錬技術が実用化され、それまでより一単位あたりの鉱石から抽出できる銀の量が多くなりました。また銅や亜鉛の鉱石からも分離して銀を抽出する技術も実用化され、アメリカ合衆国が世界市場に供給できる銀の量が急激に伸びていきました。アメリカ合衆国と同様に、メキシコとカナダも銀産出量を伸ばしたことから、供給過多となり、世界的に銀の価格は下落していきました。

この当時、世界の銀の価格を決定していたのは、ロンドンの銀塊市場でした。ニューヨーク、ボンベイ、上海にも大きな銀塊市場はありましたが、ロンドン銀塊市場の影響力は他の3つの市場より圧倒的に大きく、そのためロンドンの銀塊相場がOfficial Rateと呼ばれ、他の3つの相場にも強い影響を与えていました。この当時の世界的な銀価格の下落と

言う場合、このロンドンでの銀塊相場の下落を指します。このロンドン銀塊相場が、世界的な銀供給量の増加で、1870年代より下落し始めたのです。

この銀塊相場の下落により、金と銀の価値比率（金銀比価）も大きく変動することになりました。それまで短期的な乱高下はあったものの、世界的に金銀比価は総じて安定していました。しかし、1870年代から始まった金銀比価の動揺は、それまでのような短期間で収束せず、その後、第一次世界大戦が勃発して国際的に銀の価格が高騰するまで、約40年の間、シャーマン法による一時的な高騰は見られたものの、銀価格は下落し続け、金銀比価も乖離していきました。そして、このような長期的な金銀比価の乖離こそ、世界規模での通貨制度の転換を促す直接的な要因になったのです。

世界的な銀産出量の増加とともに、ロンドン銀塊相場を暴落させた要因として、ドイツ帝国の金本位制への移行とそれに伴うロンドンでの回収した銀貨の売却を挙げる研究があります。この出来事はもちろん短期的にロンドン銀塊相場を暴落させることになったことは確かです。ただ、長期的に銀塊相場を下落させる程の影響はなく、実際にロンドンでの売却は最初の予定より上手く進まずに売却を止めています。ですので、世界的な銀価格の暴落と金銀比価の乖離は、世界的な銀供給量の急激な伸びが最も影響したと言えます。ではなぜ金銀比価の乖離が世界規模での通貨制度の転換を促すことになったのでしょうか。金銀比価の乖離は各国の通貨制度にどのような影響を与えたのでしょうか。フランスを事例に挙げてみれば、この時期の金銀比価の乖離は、フランスから大量の金流出を促して国内の金を枯渇させ、逆に大量の銀を国内に流入させることになりました。これはフランスにおける法定の金銀比価と市場の金銀比価の間に差が生じたことが要因でした。通貨の価値が金と銀で評価されている以上、各国通貨間の為替相場は金銀比価に密接に連動するものになっていたからです。為替相場の不安定化は世界経済を混乱させる大きな要因となることから、この時期に世界的な通貨制度の転換が促され

たのです。世界経済の連関性が強まりつつあった19世紀末から20世紀初頭のグローバリゼーションの時期において、各国の通貨制度の為替相場の安定化は、必要不可欠なものとなっていました。

　しかし、銀本位制を採用していた場合、金銀比価の乖離はどのような影響を与えることになったでしょうか。銀価格の暴落に伴って金銀比価が乖離し、為替相場が不安定化したのであるならば、銀本位制の国々にとっては「金高銀安」の状態になり、輸出には有利になります。ではなぜこれらの国々で銀本位制が放棄されたのでしょうか。そしてその転換はこれらの国々の経済発展にどのような影響を与えるものになったのでしょうか。

第2節　アジアにおける国際金本位制の貢献

　ルイスによると、アジアの輸出成長率はアルゼンチンとともにこの当時の世界貿易のなかで特筆すべき高い水準にあったことが指摘されています。また杉原薫氏により提起されたアジア間貿易論により、この当時のアジア経済は、第一次産品輸出に牽引されつつも、それに伴い域内での財貨の移動や移民が促され、ボンベイや日本における綿製品を中心とした工業化も内包したかたちで、当時の国際分業体制の枠組みのなかの一翼を担っていたことが明らかにされています。このような研究成果の蓄積から、19世紀末から20世紀初頭のアジア経済が、植民地支配の下で一方的に経済発展が妨げられたと考える見解は、最近では大きく修正されてきています。この時期にアジアの大部分の地域の通貨制度が銀本位制から金を本位貨幣とする通貨制度へと移行した時期にあたるのはどのような意味があるのでしょうか。

　1893年に英領インドが銀自由鋳造を停止して銀本位制から離脱したのを契機にして、アジアでは1897年の日本や1903年の海峡植民地等、

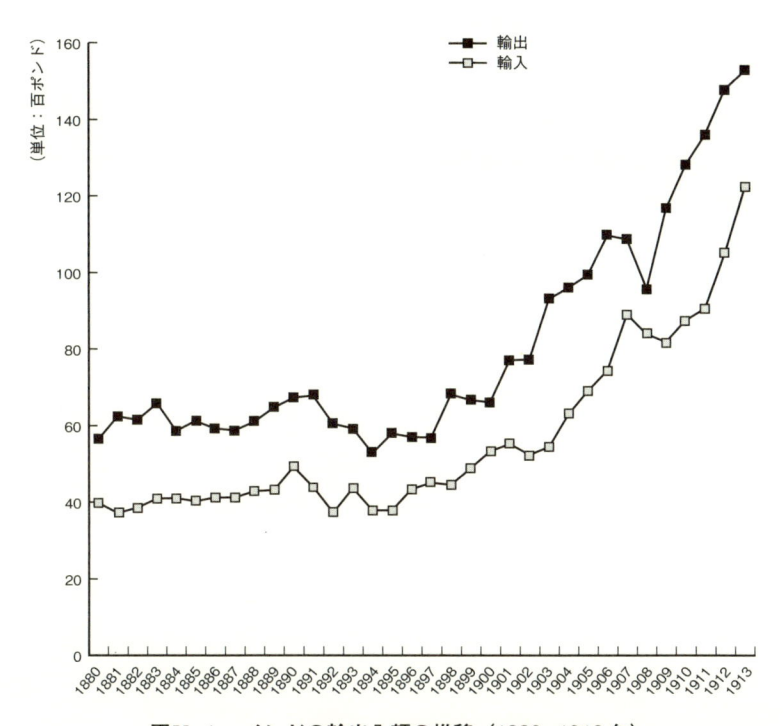

図Ⅴ-1　インドの輸出入額の推移（1880-1913 年）
出典：杉原薫『アジア間貿易の形成と構造』ミネルヴァ書房、1996 年、48-49 頁より作成。

　1910 年までに中国と香港をのぞくすべてのアジア諸地域が金を唯一の本位貨幣とする通貨制度へと移行しました。この時期になると、銀貨は国境を越えて取引する際に用いられる通貨の地位を喪失していました。しかし、国内に流通する通貨として銀貨の流通が維持されていた地域はアジアの広範囲に及んでいました。とくに英領インドの場合、金為替本位制を整備する過渡期にあたる 1900 年にルピー銀貨の鋳造を再開し、通貨政策の一つとして銀貨を市中に供給しました。金為替本位制の下での通貨政策を考える場合、ケインズが指摘するように、銀貨よりも政府紙幣の方が効率的です。しかし、実際には銀貨を供給せざるを得なくなったのであり、その理由は何であったのでしょうか。それは、英領インド

第 5 章　アジアから展望した近代国際通貨制度の形成　　61

が、多種多様の通貨の流通が見られたものの、19世紀の段階で概ね「銀貨圏」を形成していたことが大きいと言えます。銀貨が大衆の主要な通貨であり、貴金属通貨に強い選好を持つ中で、インド政庁が発行する政府紙幣は都市部以外の後背地には浸透することができませんでした。また金についても、銀とともに退蔵する手段としての需要はあったものの、実際の日々の生活においては、その額面が大きすぎ、その需要は限定的なものとなっていました。このように大衆の選好が強く銀貨に向かう中で、インド政庁は自らの通貨政策のなかに銀貨を取り込む政策判断を行うしかなかったのです。

　ではどのように銀貨を取り込んだのでしょうか。それは銀貨を金の価値で表現するという方法でした。つまり、1ルピーを1シリング4ペンスでリンクさせることにより、1ルピーを額面価値とする銀貨は同時に1シリング4ペンスの価値を示すこととなり、後背地の人々がこのルピー銀貨を日々の生活に使用することは、言い換えれば、その人々が生活する地域の通貨流通がルピー銀貨を介してポンド価値と連関したことと表現できるようになったのです。そのため、ルピー銀貨が英領インド全域に浸透すれば、それはポンド価値を持つ銀貨によって英領インドの各階層の通貨流通をポンド価値の下に統合することになるのです。英領インドの通貨政策の第一義はここにあり、実際に流通させる通貨の形態は二義的な関心であったのです。ゆえに金為替本位制は現地経済に根付く伝統的な通貨慣習や通貨秩序を破壊するのではなく、むしろ現地経済が望む貨幣を供給していくことで包摂していくものであったと言えます。そしてポンド価値の下に統合化することで、世界経済との連関性を密接なものにし、グローバリゼーションをアジア全域に浸透させることに強く貢献したものと言うことができます。

第3節　国際通貨体制の連続性 ──「周辺」からの視点

　もちろん宗主国が金為替本位制を導入した政策意図が現地経済の発展にのみあったというのは無理があります。その政策判断の第一の目的は宗主国（主にイギリス）からの投資収益の確保であり、英領インドの場合は「本国費」の確保であったからです。しかし、皮肉な結果かもしれませんが、金為替本位制の導入が結果的にアジア経済の発展につながったことも否定できません。金為替本位制を導入したことで、各国の通貨は、直接・間接を問わず、ポンドと言う基軸通貨に自国通貨をリンクさせ、アジア域内における為替相場を安定化させた意義は、アジア間貿易の拡大だけでなく、華南から東南アジアに移民してきていた華僑の人々が郷里の家族に送った送金などの資金移動に関しても、そのリスクを低減させることとなりました。金為替本位制は、これまでの研究史では、植民地支配を効率的に実施する政策として、否定的な評価しか受けていませんでした。しかし、実際に経済発展がその時期にあった以上、その機能について肯定的に再検討する必要があるのではないでしょうか。
　国際金本位制はイギリスやフランスのような欧米諸国のみで成立したものではありません。「周辺」と呼ばれるアジア諸国もその一翼を担っていたのです。そしてアジアで成立した金為替本位制には、その後の国際通貨体制の変遷を見るなかで、むしろ後の国際通貨体制のかたちを先取りしたと言える面もありました。たとえば、英領インドの金為替本位制に関するケインズの言説のなかには、その後の彼の理論の萌芽的なところも見出されますし、第二次世界大戦後のブレトン＝ウッズ体制にも20世紀初頭の金為替本位制と類似点が見出されます。国際金本位制は、グローバリゼーションを支えた重要な枠組みであったと同時に、その枠組みのなかには、イギリスの金本位制をモデルとした一元化されたものではなく、現地経済に適応した多様な通貨制度が内包されていました。

そのなかでアジアの通貨制度の展開は、当時の現地経済と世界経済相互の連関性を強めるかたちで、独自の展開を見せていたのです。

(西村　雄志)

表V-2　欧米とアジアの通貨制度の流れ

	欧米諸国	アジア
1803年	フランスが金銀複本位制を採用	
1816年	イギリスが法律上で金本位制を確立	
1835年		英領インドが銀本位制を採用
1865年	フランス、ベルギー、スイス、イタリアで「ラテン貨幣同盟」を結成	
1871年	ドイツ帝国が金本位制に移行	
1872-75年	デンマーク、スウェーデン、ノルウェーが金本位制に移行	
1875年	オランダが金本位制に移行	
	デンマーク、スウェーデン、ノルウェーの参加国で「スカンディナビア通貨同盟」を結成。	
1878年	フランス、ベルギー、スイス、イタリア、が跛行金本位制(実質金本位制)へ移行	
1893年		英領インドが銀本位制から離脱
1895年		香港が銀本位制を確立
1897年		日本が金本位制を採用
1900年	アメリカ合衆国が法律上で金本位制を確立	英領インドがルピー銀貨の鋳造を再開
1903年		海峡植民地が銀本位制から離脱

注：ここではテキストに関係する事例を中心に挙げている。

ロンドン・ロンバード街（執筆者撮影）

=== 参考文献 ===

W. A. Lewis, *Aspects of Tropical Trade, 1883-1965*, Stockholm: Almqvist & Wicksell, 1969 (in M. Gersovitz (ed.), *Selected Economic Writings of W. Arthur Lewis*, New York: New York University Press, 1983).

J.B. de Macedo, B. Eichengreen and J. Reis (eds.), *Currency Convertibility: The gold standard and beyond*, London: Routledge, 1996.

J・M・ケインズ『インドの通貨と金融』片山貞雄・則武保夫訳、東洋経済新報社、1977年。

杉原薫『アジア間貿易の形成と構造』、ミネルヴァ書房、1996年。

S・B・ソウル『イギリス海外貿易の研究：1870-1914』久保田英夫訳、文眞堂、1980年。

西村雄志「20世紀初頭のインドにおける銀流通」『社会経済史学』68巻6号、2003年。

K・ポラニー『大転換：市場社会の形成と崩壊』吉沢英成他訳、東洋経済新報社、1979年。

COLUMN
〈経営史〉的アプローチとは？

＊本書も試みた、様々な時間軸から、史的に、経済社会の諸局面を把握していく作業を、〈社会経済史〉研究と称します。経済活動の主体となる、個人（家計）、企業、政府の三者全てが、そして、それらの活動の場となる国内外のあらゆる経済社会、また市場システムそのものが、その研究対象となります。

＊このようなマクロ的な検討作業と対になり、相互補完の関係にあるのが、〈経営史〉研究です。〈経営史〉的検討の特徴は、〈社会経済史〉と比べ、よりマイクロなアプローチをとるところに認められます。つまり研究対象は、経済主体としての個人（消費者・労働者・生活者）、企業、政府、また様々な経済・社会組織（業界団体、各種 NGO）それぞれであり、これらの主体の行動パターン、パフォーマンス、組織形態、戦略等が分析されます。近年では、〈経営史〉研究の深化とともに、〈企業者史〉、〈市場史〉、〈組織史〉、〈経営人類学〉などの関連研究領域も、新たに確立されています。

＊さて、上記のマクロ的またマイクロ的な二つのアプローチの併用により、個人や経済組織の行動様式と、経済システムや市場との関わり合いが把握可能になります。かつての工業化の立役者 R・アークライトに迫った、小松芳喬『産業革命期の企業者像』（1979 年）、また時刻表の情報内容から、19 世紀の鉄道会社経営と当時の英国経済を展望した、同じ著者による『鉄道時刻表事始め』（1994 年）は、そのような検討例の一つです。

（市川 文彦）

おわりに
──これからの学びの手掛かり

　これまでの各章とコラムから、皆さんは、我々の経済社会の多様な成長プロセスを史的に明らかにする色々な視角へと、近づいてゆくことができましたか？

　経済史を初めとする、史的世界への探訪では、歴史的事実に関する知識量を増すこと以上に、自ら多様な時間軸や空間軸を設定しながら、様々な史的アプローチに拠って経済現象、社会現象を捉えていくことこそ何より重要となります。このような作業をつうじて、過去に関する、また現在と将来に関する社会認識を深めていくことが可能になります。

　さて経済史研究の領域は、本書で扱った論点以外にも、いま、マイクロ・マクロ双方の経済理論の更なる援用も含め、広く拡張しつつあります。これまでにない観点と視角を、そして様々なアプローチを伴った、新たな問題関心とともに。

　①〈比較制度分析〉：　先ず、経済現象の現状分析にも用いられる「ゲーム理論」によって、現実には様々な形態で存在する経済的諸制度、諸ルールが、各社会で、どのように選択され、それが、どのように定着し、さらに進化していくのかを、検討していく方法（比較制度分析）が注目されています。世界中の経済発展の諸局面で認められた制度の多様性──例えば各社会における私的所有権の制度のあり方の違い、等々──は、経済的均衡が複数、存在する（つまり「複数均衡」の）ゲームとして分

析され、説明が試みられます。さらに歴史と時間の経過によって形成された様々な諸制度・諸組織の多様性こそが、競争と補完の両面をもたらし、経済発展に寄与していく「多様性の利益」に注目した議論（青木昌彦『経済システムの進化と多元性』（1995年））もあります。

　また本書「序章」でも登場したように、過去の経済現象が、現在・将来に影響を及ぼし規定していく状況を「歴史的経路依存性」（historical path dependence）と呼びます。

　②〈自然環境〉：　さて、「コラム」〈グローバル・ヒストリーの世界〉でも触れられたように、各社会の経済発展は、人間による経済的行為のみならず、自然環境の影響、資源利用の可能性によっても、大いに規定されています。過去から引き継がれた植生、気候などの自然条件への昨今の注視は、今日の地球環境全体の劣化、悪化が、人々の日常生活や、経済取引へ負のインパクトを強くもたらしつつある現代的状況の反映ゆえからかもしれません。松田壽男『アジアの歴史』（1971年）、また梅棹忠夫『文明の生態史観』（1967年）は、（時間軸と共に）自然条件、空間軸のあり様と人間社会の展開との関係について、はるか以前から着目し、吟味してきた古典的名著です。

　③〈グローバル・ヒストリー〉：　本書「第1章」のテーマである、欧米中心の「世界史」把握、叙述を根本から見直していく、〈グローバル・ヒストリー〉の試みも、様々な視角からの考察によって、深められています。E・サイード『オリエンタリズム』（1978/1986年）は、長期にわたり西洋の識者によって積み重ねられた東洋（オリエント）理解の内容を根底から再吟味。包括的なテクスト分析によって、東洋の位置付けが、まさに西洋による植民地支配の論理に立脚したものであることを明らかにしています。またアミン・マアルーフ『アラブが見た十字軍』（1986年）は、書名どおりアラブ・イスラム教徒側に視点を据えながら、十字軍を捉え直してみると、従来の、西欧側が設定した構図、イメージとは全く異なる歴史像が浮かび上がることを明示した著作です。

　近代アジア世界と西欧との通商状況を、木綿伝播も軸に具体的に実証

分析し、新たに創出した「物産複合」概念も提示しつつ、アジア織物製品市場の重層性を論じた、川勝平太『日本文明と近代西洋』(1991年)もユニークなアプローチの一つ。

④〈歴史分析の新手法〉： 先ずは大著、ピエール・ノラ編『記憶の場』（原著全7巻、1992年；日本語版全3巻、2003年）。これはフランス内外の歴史家らが集結して、〈フランス的なるもの〉のそれぞれ（言語、記念碑、慣習、……）を、人々が、如何ように身にまとい、そのことを記憶していくのかを検討していく壮大な知的作業の結晶です。「フランス国民意識」の形成を、「記憶の場」の考察を軸に進めていく新手法で、アナール派（年報学派）の歴史家による議論をまとめたものです。また同書の監訳者による、谷川 稔『国民国家とナショナリズム』(1999年)は、現在のグローバリズムの下での国民国家の意味、その枠組みの有効性、そして国民意識の諸作用を問い直します。現代社会を構成しつつ、終始、変化を遂げる国民国家、国民意識とは、まさに歴史によって形成されてきたものであることに留意します。本書は、それゆえに〈現在〉を解するためにも、様々な〈時間軸〉を用いて、時の経過を追って展望していく視座の重要さを、再認識させる好著です。

なお、この項を締めくくるにあたり、それにふさわしい一書を紹介しておきましょう。経済史研究とは、結局のところ、何なのか？ 如何にあるべきか？ どのような史料を、どのように分析していくのか？といった論点を具体的かつ簡潔に検討した著作、カルロ・チポッラ『経済史への招待』(1988／2001年)です。著者はイタリアを代表するヨーロッパ及び国際経済史研究の大家です。訳者・德橋 曜氏による解説が周到かつ明快です。

最後に、皆さんの史的世界のイメージを豊かにし、今後の学びの手掛かりとなりうる、

1) 本書の全執筆者による「推奨文献リスト」（六点）、および 2)「長期統計グラフ」(五点)と、を付しておきます。大いに活用してみて下さい。

（市川 文彦）

1)〈経済史〉研究という新世界を望むための、
　　　　　　執筆陣からの文献ガイド（執筆順掲載）

1．E・ル゠ロワ゠ラデュリ『新しい歴史：歴史人類学への道』（樺山紘一ほか訳）藤原書店、1978/1991 年。

　　パン、鐘の音、小説、気温表。これらも歴史分析の素材にしてしまうフランス〈年報学派〉の歴史家達。著者は、その旗手の一人。世界の歴史学に影響を与え続ける、その様々な手法を明らかにしていく好著です。
　　　　　　　　　　　　　　　　　　　　　　　　　　　（市川　文彦）

2．J・R・ヒックス『経済史の理論』（新保博・渡辺文夫訳）講談社学術文庫、1969/1995 年。

　　これは、ノーベル経済学賞を受賞した理論経済学者、J.R. ヒックスが著した歴史書です。
　　彼は、人類の全歴史過程における「市場の勃興」の歴史的変容に関する一般的理論を描きました。「歴史の理論」という一見矛盾するテーマの整合をめざした刺激的な書物です。
　　　　　　　　　　　　　　　　　　　　　　　　　　　（藪下　信幸）

3．ヴェルナー・ゾンバルト『恋愛と贅沢と資本主義』（金森誠也訳）講談社学術文庫、1912/2000 年。

　　M・ウェーバーが資本主義成立の原動力を「禁欲」に求めたのに対し、ゾンバルトはそれが「贅沢」に起因すると主張しました。供給サイドからの議論が多い現代経済学に対して、消費サイドから資本主義を捉えようと試みた古典的名著。
　　　　　　　　　　　　　　　　　　　　　　　　　　　（岡部　芳彦）

4．斎藤　修『プロト工業化の時代：西欧と日本の比較史』日本評論社、1985 年。

　　初学者が手に取りやすく、楽しく読みすすめるうちに、経済史とは何をどのように考える学問なのかを知ることができる本ということで、たとえばまずこの一冊を。前近代の農村工業を軸に東西の経済史を軽快なフットワークで往還する。
　　　　　　　　　　　　　　　　　　　　　　　　　　　（鳩澤　歩）

5．W・バジョット『ロンバード街：ロンドンの金融市場』（宇野弘蔵訳）
   岩波書店、1906/1941 年。

　　Economist 誌の編集者として 19 世紀後半のロンドン金融市場を見続けた筆者が、その実像を描き出すとともに、イングランド銀行の金準備をはじめ、当時のロンドン金融市場が抱えていた様々な問題点を鋭く指摘した古典。　　　　（西村　雄志）

6．森　杲『アメリカ職人の仕事史』中公新書、1996 年。

　　アメリカの大量生産体制はどのようにしておこったのか。創意工夫に満ちたアメリカの技術はヨーロッパの職人を驚かせ、逆にヨーロッパ諸国がアメリカの生産方式を取り入れようとするくだりなどは、非常に興味深い。　　　　（日野　真紀子）

2）長期統計グラフ

付図1　1995年における24カ国の経済水準とクルマ社会度との関係（対数）

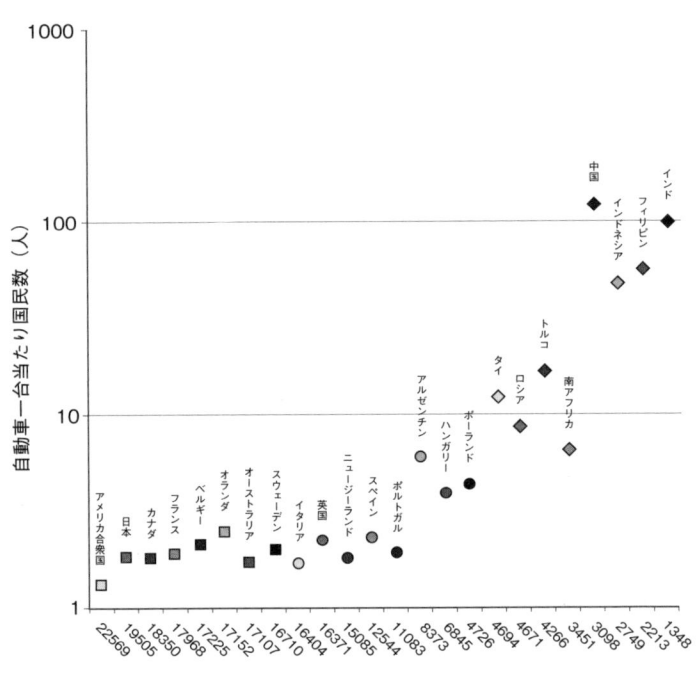

出典：A. Maddison『世界経済の成長史』；
B. R. Mitchell "International Historical Statistics"；『自動車年鑑』
作成：関学大・市川ゼミ3年生チーム2003による算出、加工。

付図2　ASEAN　4カ国の一人当たり GDP 水準：120年間の推移
（1870-1990年）

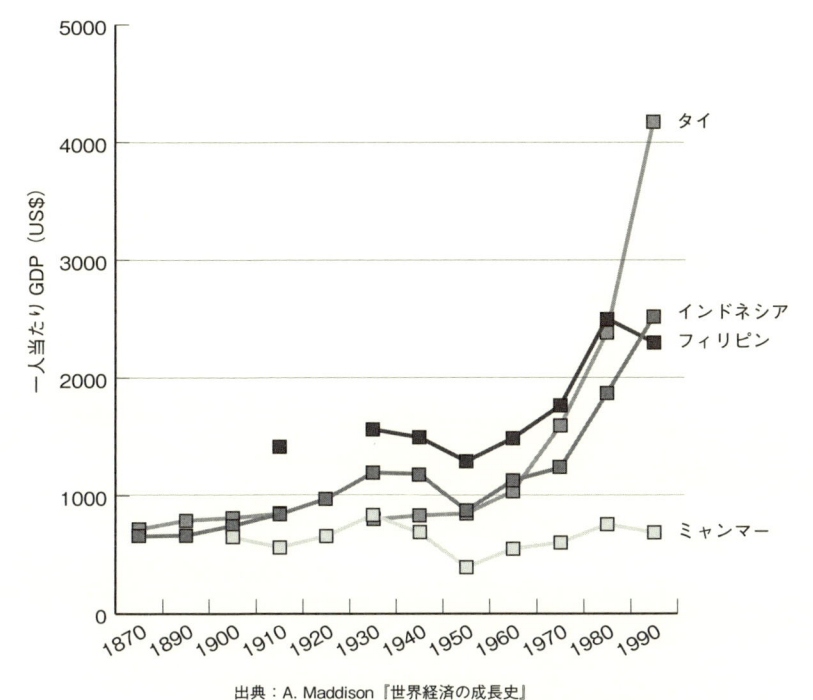

出典：A. Maddison『世界経済の成長史』
作成：関学大・市川ゼミ3年生チーム2002による算出、加工。

おわりに

付図3　4カ国大学生数の増加動向：120年間の推移
（1873-1993年）

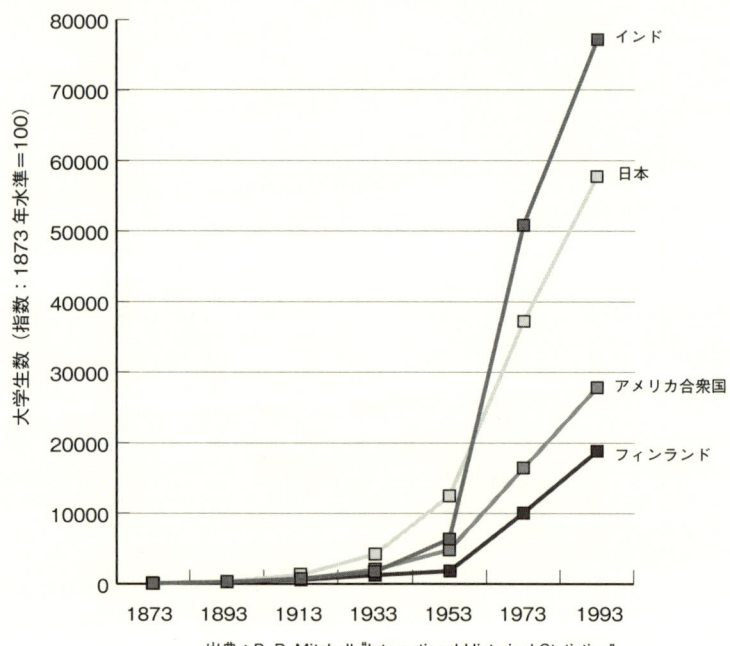

出典：B. R. Mitchell "International Historical Statistics"
作成：関学大・市川ゼミ3年生チーム2001による算出、加工。

付図4 2001年における34カ国の携帯電話普及度と経済水準

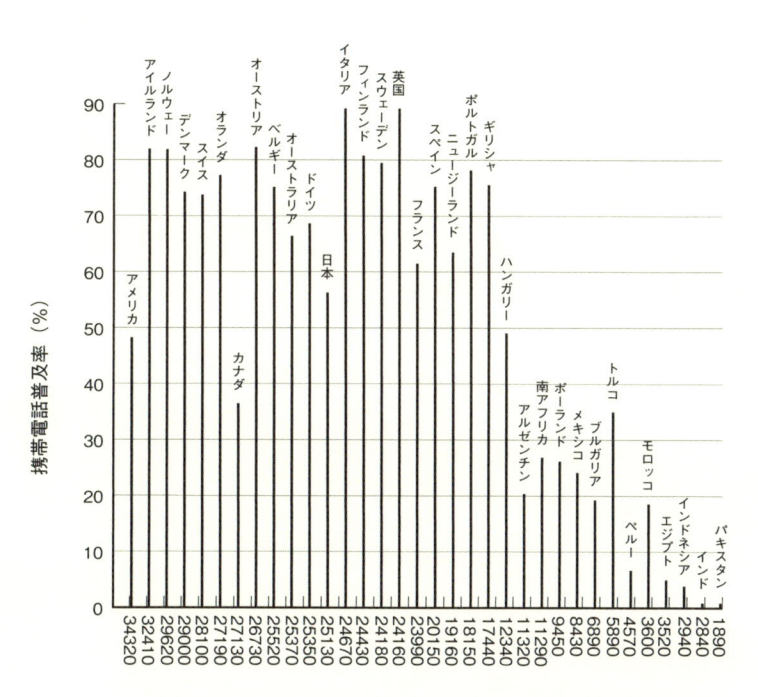

出典：A. Maddison『世界経済の成長史』；国連『世界統計年鑑』；B. R. Mitchell "International Historical Statistics"
作成：関学大・市川ゼミ3年生チーム2004による算出、加工。

付図5　実質GDP $1産出当りの、エネルギー消費量長期推移：1930-1995年
（g：石油換算）

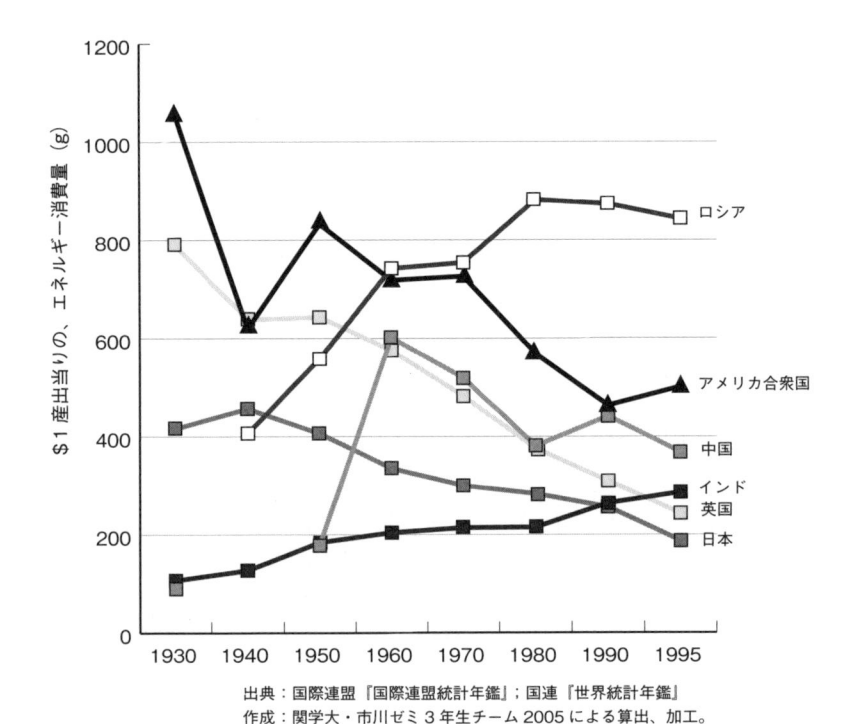

出典：国際連盟『国際連盟統計年鑑』；国連『世界統計年鑑』
作成：関学大・市川ゼミ3年生チーム 2005による算出、加工。

あとがき

　本書の企画は、まさに様々に〈歴史〉を問う意味を、また「歴史認識」問題の在り方を、改めて我々一人ひとりに投げかけてきた敗戦60周年の、昨年（2005年）初夏に構想され始めました。

　本書の企画段階から、編集、制作の過程にかけて、関西学院大学出版会・編集委員会の、編集長・田村和彦教授、編集委員・山本栄一教授より、多大なるご高配とご尽力を得ました。また事務局・田中直哉氏と浅香雅代氏には、丹念で細やかに、編集の諸作業を進めていただき、ここに記して、心より御礼申し上げます。

　この書物は、多様な視角から、論点から国際市場システムを捉える視座を提示するために、様々な研究テーマの専攻者の協力を得ました。このような問題意識を共有する大阪大学経済史・経営史研究室（同大学院・経済学研究科）に学んだアジア、ヨーロッパ経済史専攻者が、各自の専門分野に関連するテーマを分担して執筆しています。本書が公刊される2006年は、執筆者たちにとって、二重の節目の年にあたります。

　一つは、我々が薫陶受けた竹岡敬温先生（大阪大学名誉教授）が、「経済史」・「西洋経済史」担当の第二代・正教授に、1976年に就任され、阪大経済史・経営史研究室の基盤を確固とされてから、本年が目出度く、その三十年目に当たること。もう一点は、もう一人の師・佐村明知先生（大阪大学教授）の御還暦の慶年が、本年であること。佐村明知先生は現在の「経済史」・「西洋経済史」正教授であり、阪大経済史・経営史研究室において竹岡敬温先生の学風を継承し、かつ独自に発展させておられます。

この二つの記念の節目に、我々執筆者は、ご学恩とご薫陶とを賜った竹岡敬温先生、佐村明知先生の、これからのご健康をお祈りするとともに、感謝の徴として、両先生へ、このささやかな一書を捧げることと致します。

　2006年　卯月
　　　　　　　　　　　　執筆者一同を代表して　　　市川　文彦

〈執筆者略歴〉

市川 文彦（いちかわ・ふみひこ）

1960年生れ
関西学院大学経済学部　助教授
早稲田大学商学部卒業、大阪大学大学院
経済学研究科博士課程退学

藪下 信幸（やぶした・のぶゆき）

1968年生れ
近畿大学経営学部　助教授
大阪大学経済学部卒業、大阪大学大学院
経済学研究科博士課程退学

岡部 芳彦（おかべ・よしひこ）

1973年生れ
夙川学院短期大学家政学科　非常勤講師
関西学院大学経済学部卒業、大阪大学大学院
経済学研究科博士課程在学中

鳩澤 歩（ばんざわ・あゆむ）

1966年生れ
大阪大学大学院経済学研究科　助教授
大阪大学経済学部卒業、大阪大学大学院
経済学研究科博士課程退学

西村 雄志（にしむら・ゆうじ）

1972年生れ
松山大学経済学部　専任講師
大阪府立大学経済学部卒業、大阪大学大学院
経済学研究科博士課程修了

日野 真紀子（ひの・まきこ）

1977年生れ
大阪大学大学院経済学研究科博士課程在学中
立教大学経済学部卒業（ミラノ大学哲学・文学部へ留学中）

K.G. りぶれっと No.12
史的に探るということ！
多様な時間軸から捉える国際市場システム

2006年6月5日初版第一刷発行

著　　者	市川文彦／藪下信幸／岡部芳彦／鳩澤歩／
	西村雄志／日野真紀子
発行者	山本栄一
発行所	関西学院大学出版会
所在地	〒662-0891　兵庫県西宮市上ケ原一番町 1-155
電　話	0798-53-5233
印　刷	協和印刷株式会社

©2006　Fumihiko Ichikawa　Nobuyuki Yabushita　Yoshihiko Okabe
Ayumu Banzawa　Yuji Nishimura　Makiko Hino
Printed in Japan by Kwansei Gakuin University Press
ISBN 4-907654-88-X
乱丁・落丁本はお取り替えいたします。
本書の全部または一部を無断で複写・複製することを禁じます。
http://www.kwansei.ac.jp/press

関西学院大学出版会「K・G・りぶれっと」発刊のことば

大学はいうまでもなく、時代の申し子である。

その意味で、大学が生き生きとした活力をいつももっていてほしいというのは、大学を構成するもの達だけではなく、広く一般社会の願いである。

研究、対話の成果である大学内の知的活動を広く社会に評価の場を求める行為が、社会へのさまざまなメッセージとなり、大学の活力のおおきな源泉になりうると信じている。

遅まきながら関西学院大学出版会を立ち上げたのもその一助になりたいためである。

ここに、広く学院内外に執筆者を求め、講義、ゼミ、実習その他授業全般に関する補助教材、あるいは現代社会の諸問題を新たな切り口から解剖した論評などを、できるだけ平易に、かつさまざまな形式によって提供する場を設けることにした。

一冊、四万字を目安として発信されたものが、読み手を通して〈教え—学ぶ〉活動を活性化させ、社会の問題提起となり、時に読み手から発信者への反応を受けて、書き手が応答するなど、「知」の活性化の場となることを期待している。

多くの方々が相互行為としての「大学」をめざして、この場に参加されることを願っている。

二〇〇〇年　四月